SEUL L'AMOUR NOUS SAUVERA

Jorge Mario Bergoglio
Pape François

SEUL L'AMOUR NOUS SAUVERA

Parole et Silence
Libreria Editrice Vaticana

L'éditeur remercie très vivement L. Iturralde ainsi que C. Giroud, É. Michelin, A. Nordin, M. Machado, A. Tournié-Garcia qui par leur travail de traduction ont permis d'offrir au public francophone ces textes du cardinal Bergoglio devenu le 13 mars 2013 le pape François.

ISBN 978-2-88918-188-9

Quand, le 13 mars au soir, on annonça sur la place Saint-Pierre l'élection du cardinal Bergoglio comme évêque de Rome, beaucoup d'Européens ignoraient tout de lui. Qui connaissait l'archevêque de Buenos Aires ? Très vite, les journalistes se sont employés à combler ce vide en donnant des informations sur sa vie. Mais, ces informations, même exactes, ne donnent qu'une faible idée de la personnalité chrétienne et pastorale de notre nouveau pape. Ses premiers gestes et ses premiers sermons nous ont donné le désir de mieux le connaître.

Le recueil d'homélies et de conférences qui vous est proposé aujourd'hui vous permettra de découvrir l'esprit qui anime le pasteur que nous avons reçu. Choisis parmi ses récentes interventions, ces textes nous dévoilent l'exigence et la tendresse paternelles de celui qui les a prononcés. Je parle d'exigence, car jamais il ne fléchit sur les appels provocants de l'Écriture à la conversion et à l'authenticité de l'amour vécu dans toutes les circonstances de la vie personnelle et collective. Je parle de tendresse, car jamais ses appels à la conversion ne sont isolés de sa profession de foi en la miséricorde de Dieu : Dieu veut le salut de l'homme avec passion.

En ce temps pascal, la lecture et la méditation de ces textes pourront nous aider à mieux apprécier la grâce baptismale que nous avons reçue et à conformer davantage notre vie à la vie de l'homme nouveau engendré dans le Christ.

+ André, cardinal Vingt-Trois
Archevêque de Paris

HABEMUS PAPAM !

Bénédiction Apostolique
« Urbi et Orbi »

Frères et sœurs, bonsoir !

Vous savez que la tâche du Conclave était de donner un Évêque à Rome. Il semble bien que mes frères Cardinaux soient allés le chercher quasiment au bout du monde… Mais nous sommes là… Je vous remercie pour votre accueil. La communauté diocésaine de Rome a son Évêque : merci ! Et tout d'abord, je voudrais prier pour notre Évêque émérite, Benoît XVI. Prions tous ensemble pour lui afin que le Seigneur le bénisse et la Vierge le protège.

[Récitation du *Notre Père*, du *Je Vous salue Marie* et du *Gloire au Père*]

Et maintenant, initions ce chemin : l'Évêque et le peuple. Ce chemin de l'Église de Rome, qui est celle qui préside toutes les Églises dans la charité. Un chemin de fraternité, d'amour, de confiance entre nous. Prions toujours pour nous : l'un pour l'autre. Prions pour le monde entier afin qu'advienne une grande fraternité. Je souhaite que ce chemin que nous commençons aujourd'hui et au long duquel je serai aidé par mon Cardinal

Vicaire ici présent, soit fructueux pour l'évangélisation de cette Ville si belle !

Et maintenant je voudrais donner la bénédiction, mais auparavant, auparavant, je vous demande une faveur : avant que l'Évêque bénisse le peuple, je vous demande de prier le Seigneur afin qu'Il me bénisse : la prière du peuple, demandant la Bénédiction pour son Évêque. Faisons cette prière en silence de vous tous sur moi.

[...]

Maintenant je vais donner, à vous et au monde entier, à tous les hommes et toutes les femmes de bonne volonté, la Bénédiction.

[Bénédiction]

Frères et sœurs, je vous laisse. Grand merci pour votre accueil. Priez pour moi et à bientôt ! Nous nous reverrons rapidement : demain je veux aller prier la Vierge pour qu'Elle protège Rome tout entière. Bonne nuit et bon repos !

Place Saint-Pierre
Mercredi 13 mars 2013

Homélie du Pape François

Dans ces trois lectures je vois qu'il y a quelque chose de commun : c'est le mouvement. Dans la première lecture le mouvement sur le chemin ; dans la deuxième lecture, le mouvement dans l'édification de l'Église ; dans la troisième, dans l'Évangile, le mouvement dans la confession. Marcher, édifier, confesser.

Marcher. « Maison de Jacob, allons, marchons à la lumière du Seigneur » (Is 2, 5). C'est la première chose que Dieu a dite à Abraham : Marche en ma présence et sois irrépréhensible. Marcher : notre vie est une marche et quand nous nous arrêtons, cela ne va plus. Marcher toujours, en présence du Seigneur, à la lumière du Seigneur, cherchant à vivre avec cette irréprochabilité que Dieu demandait à Abraham, dans sa promesse.

Édifier. Édifier l'Église. On parle de pierres : les pierres ont une consistance ; mais des pierres vivantes, des pierres ointes par l'Esprit Saint. Édifier l'Église, l'Épouse du Christ, sur cette pierre angulaire qui est le Seigneur lui-même. Voici un autre mouvement de notre vie : édifier.

Troisièmement, confesser. Nous pouvons marcher comme nous voulons, nous pouvons édifier de nombreuses choses, mais si nous ne confessons pas Jésus Christ, cela ne va pas. Nous deviendrons une ONG humanitaire, mais non l'Église, Épouse du Seigneur. Quand on ne marche pas, on s'arrête. Quand on n'édifie pas sur les pierres qu'est ce qui arrive ? Il arrive ce qui arrive aux enfants sur la plage quand ils font des châteaux de sable, tout s'écroule, c'est sans consistance. Quand on ne confesse pas Jésus Christ, me vient la phrase de Léon Bloy : « Celui qui ne prie pas le Seigneur, prie le diable ». Quand on ne confesse pas Jésus Christ, on confesse la mondanité du diable, la mondanité du démon.

Marcher, édifier-construire, confesser. Mais la chose n'est pas si facile, parce que dans le fait de marcher, de construire, de confesser, bien des fois il y a des secousses, il y a des mouvements qui ne sont pas exactement des mouvements de la marche : ce sont des mouvements qui nous tirent en arrière.

Cet Évangile poursuit avec une situation spéciale. Le même Pierre qui a confessé Jésus Christ lui dit : Tu es le Christ, le Fils du Dieu vivant. Je te suis, mais ne parlons pas de Croix. Cela n'a rien à voir. Je te suis avec d'autres possibilités, sans la Croix ; Quand nous marchons sans la Croix, quand nous édifions sans la Croix et quand nous confessons un Christ sans Croix, nous ne sommes pas disciples du Seigneur : nous sommes mondains, nous sommes des Évêques, des Prêtres, des Cardinaux, des Papes, mais pas des disciples du Seigneur.

Je voudrais que tous, après ces jours de grâce, nous ayons le courage, vraiment le courage, de marcher en présence du Seigneur, avec la Croix du Seigneur ; d'édifier l'Église sur le sang du Seigneur, qui est versé sur la Croix ; et de confesser l'unique gloire : le Christ crucifié. Et ainsi l'Église ira de l'avant.

Je souhaite à nous tous que l'Esprit Saint, par la prière de la Vierge, notre Mère, nous accorde cette grâce: marcher, édifier, confesser Jésus Christ crucifié. Qu'il en soit ainsi !

Chapelle Sixtine
Jeudi 14 mars 2013

I

1.
Jésus est présent dans la ville[1]

Le regard du croyant et du pasteur

Lorsque je prie pour la ville de Buenos Aires, je remercie le ciel d'y être né. La tendresse qui jaillit d'une telle familiarité peut incarner l'universalité de la foi qui embrasse tous les hommes de toutes les villes. Être citoyen d'une grande ville est de nos jours chose très complexe, car les liens de race, d'histoire et de culture ne sont plus homogènes et les droits civiques ne sont pas également partagés par tous ses habitants. Il y a en ville énormément de « non-citoyens », de « demi-citoyens » et de « surnuméraires » : soit qu'ils ne soient pas citoyens de plein droit – exclus, étrangers, sans-papiers, jeunes déscolarisés, personnes âgées et malades sans couverture sociale – ; soit parce qu'ils ont manqué à leurs devoirs. Le regard transcendant de la foi, qui porte au respect et à l'amour du prochain, aide à « choisir » d'être citoyen d'une ville concrète et à mettre en pratique des attitudes et de comportements porteurs de citoyenneté.

Le regard que je veux partager avec vous est celui d'un pasteur qui tente d'approfondir son expérience de

---

1. *Ouverture du Premier Congrès régional de Pastorale de la Ville, « Dieu est présent dans la ville », Buenos Aires, 25 août 2011.*

croyant, d'un homme qui croit que « Dieu est présent dans la ville[2] ». Dans son *Sermon sur les pasteurs*, saint Augustin distinguait deux choses : la première, disait-il, est que nous sommes chrétiens et la seconde, que nous sommes évêques. Distinguer ces deux regards est un exercice qui peut nous aider à nous situer face à la cité moderne, aux imaginaires sociaux si variés. Non pour cesser de porter un regard de pasteur sur ce troupeau qui nous a été confié, mais pour approfondir ce regard de foi simple que le Seigneur aimait tant croiser, sans acception de race, de culture ou de religion.

Le regard de foi révèle et crée la cité

Les passages de l'Évangile qui me plaisent le plus sont ceux qui montrent ce que le peuple qu'il rencontre dans la ville suscite en Jésus. L'image de Zachée qui, à l'annonce de l'arrivée de Jésus dans sa ville, sent s'éveiller en lui le désir de le voir et court grimper à un arbre. La foi transformera Zachée, traître pour son propre compte et au service de l'Empire, en un citoyen de Jéricho qui établit des relations de justice et de solidarité avec ces concitoyens. L'image de Bartimée qui, lorsque le Seigneur lui accorde la grâce désirée – « Seigneur, que je voie » – le suit sur le chemin. Par la foi, Bartimée cesse d'être un marginal jeté au bord du chemin et devient acteur de sa propre histoire, marchant

2. *Document d'Aparecida*, n. 514. [NdT] La Ve Conférence générale de l'épiscopat latino-américain et des Caraïbes s'est tenue à Aparecida (Brésil) du 13 au 27 mai 2007, sur le thème « Disciples et missionnaires de Jésus Christ pour que nos peuples aient la vie en Lui ». Traduction française du Document final par la Conférence des évêques de France, pôle Amérique latine (247 pages). Voir à la fin de ce chapitre.

avec Jésus et le peuple qui le suivait. L'image de l'hémorroïsse, touchant son manteau au milieu d'une foule qui se presse de toutes parts contre Jésus, et s'attirant son regard respectueux et plein de tendresse. Par la foi, l'hémorroïsse reprend sa place dans une société qui discriminait les porteurs de maladies jugées impures.

Ce sont des images de rencontres fécondes. Le Seigneur « passe en faisant le bien », simplement. Et l'on s'émerveille de voir dans le cœur de tant de personnes qui, exclues de la société et largement ignorées, se remplissent d'une vie pleine au contact du Seigneur, une vie qui croît intégralement, réformant la vie de la cité.

En harmonie avec l'Évangile, la joyeuse affirmation d'Aparecida, « La foi nous enseigne que Dieu est présent dans la ville » est une réponse de foi face à l'immense défi que nous lancent les villes contemporaines. Elle nous porte à vouloir « recommencer à partir du Christ[3] », et non à partir de préjugés éthiques ou culturels. J'ai écrit dans *Le prêtre et la ville*[4] qu'Aparecida constate un changement emblématique dans la relation entre le sujet chrétien et les cultures qui s'élaborent dans ces grands laboratoires que sont les mégapoles modernes : « Le chrétien d'aujourd'hui n'est plus en première ligne de la production culturelle, mais il en reçoit l'influence et les impacts[5]. » Les tensions mises au jour par l'analyse scientifique peuvent provoquer de la peur et des sentiments d'impuissance pastorale. Cependant,

3. *Document d'Aparecida*, n. 12 ; cf. *Novo Millenio Inneunte*, 28-29.
4. J. M. BERGOGLIO s.j., *El sacerdote en la ciudad a la luz del Documento de Aparecida*, San Isidro, 18 mai 2010.
5. *Document d'Aparecida*, n. 509.

la certitude que Dieu est présent dans la ville nous remplit de confiance et l'espérance de la Cité sainte descendue du ciel[6] nous insuffle le zèle apostolique. Comme Zachée, la bonne nouvelle de l'entrée du Seigneur dans notre ville, nous aiguillonne et nous fait sortir dans la rue.

Se porter à la rencontre

Le paragraphe sur la Pastorale pour la Ville est un bon exemple de l'effort d'Aparecida pour regarder la réalité dans un esprit évangélique. La relecture des cinq premiers articles révèle une tentative de regard plus sociologique, pour le dire ainsi. Ce qui frappe d'emblée, c'est le changement de paradigme et la complexité de la culture plurielle (n. 509), les nouveaux langages (n. 510), les transformations socio-économiques, culturelles, politiques et religieuses complexes (n. 511), les différences sociales, les antagonismes criants : tradition-modernité, globalité-particularisme, inclusion-exclusion, etc. (n. 512). Mais il se produit quelque chose d'étrange : le développement de ce langage s'infléchit au paragraphe suivant. C'est comme s'il s'agissait de prendre du champ face à tant de complexité. On met en exergue le passé (« L'Église, au commencement, s'est développée dans les grandes villes de son temps et a profité des villes pour s'étendre »), et l'on souligne les expériences de rénovation. Mais l'impression dominante est que ces expériences sont « peu de chose » face aux changements décrits plus haut. Le texte veut inviter à la joie et au courage mais voici que surgit l'expression

6. Cf. *Document d'Aparecida*, n. 515.

« peur à l'égard de la pastorale urbaine, des tendances à se refermer dans des vieilles méthodes, et à adopter une attitude défensive... sentiments d'impuissance face aux grandes difficultés des villes » (n. 513).

Suivent trois points où le ton change considérablement. Le point 514 est un petit hymne de foi, une sorte de psaume où la cité resplendit comme un lieu de rencontre. Laissons-les résonner en nous :

« La foi nous enseigne que Dieu est présent dans la ville,
au milieu de ses joies, de ses désirs et de ses espérances,
et aussi de ses douleurs et de ses souffrances.
Les ombres qui marquent le quotidien de nos villes,
violence, pauvreté, individualisme et exclusion...
ne peuvent nous empêcher de chercher
et de contempler le Dieu de la vie
jusque dans les milieux urbains.
Les villes sont des lieux de liberté et d'opportunités...
Les personnes peuvent y connaître d'autres personnes,
interagir avec elles et partager leur vie...
Les villes permettent d'établir des liens de fraternité, de solidarité et d'universalité.
L'être humain y est appelé à aller
toujours plus loin dans la rencontre de l'autre,
de vivre avec celui qui est différent,
de l'accepter et d'en être accepté » (n. 514).

Le ton a changé. Et il fait évoluer notre regard. Ici résonne la question que nous posait le Pape dans son discours inaugural : « Qu'est-ce que la réalité sans

Dieu[7] ? » Nous pouvons nous poser la même question à propos de la ville : Qu'est-ce que la ville sans Dieu ? Sans un point de référence fondamental et absolu (ou du moins voulu comme tel), la réalité de la ville se fragmente et se dissout en mille particularités sans histoire et sans identité. À quoi aboutit un regard sur la ville, s'il n'est pas centré sur une foi ouverte à la transcendance ? Pour voir la réalité, il faut un regard de foi, un regard croyant. Autrement, la réalité se fragmente.

Aparecida a relevé ce défi en privilégiant un « regard de disciples missionnaires sur la réalité » (Ire Partie, ch. 1, n. 19-32), sur lequel tous les autres regards se centrent : « Nous devons aussi être dévorés de zèle missionnaire pour porter au cœur de la culture de notre temps (et la culture vit et s'élabore dans nos villes), ce sens unitaire et complet de la vie humaine que ni la science, ni la politique, ni l'économie ni les moyens de communication ne pourront lui offrir. Dans le Christ, Parole et Sagesse de Dieu (cf. *1 Co* 1, 30), la culture (et chaque ville) peut retrouver son centre et sa profondeur, d'où l'on peut considérer la réalité dans l'ensemble de ses éléments, en les distinguant à la lumière de l'Évangile et en donnant à chacun sa place et sa juste proportion[8]. »

Le paragraphe suivant est un hymne à l'espérance. Le regard porté sur la Cité sainte descendant du Ciel assoit l'idée de proximité et de compagnonnage. Notre Dieu est un Dieu qui a planté sa tente parmi nous[9].

---

7. Benoît XVI, *Discours inaugural de la Conférence d'Aparecida*, 13 mai 2007, § 3.
8. Cf. *Document d'Aparecida*, n. 41.
9. Cf. *Document d'Aparecida*, n. 515.

Le dernier paragraphe est une ébauche d'hymne à la charité, où le service de l'Église est le ferment qui transforme et réalise la Cité Sainte au sein même de la cité actuelle[10].

C'est dans cet esprit de consolation que s'imposèrent les concepts de rencontre, d'accompagnement et de ferment qu'Aparecida nous propose pour sortir dans les rues de la ville contemporaine. Les interventions de notre congrès mettront au jour les conséquences pastorales ad extra de ces attitudes, notamment.

Imaginaire chrétien pour la ville

Mais je voudrais à présent franchir un pas – dans une sorte de repli existentiel et spirituel – pour creuser l'effet de ces attitudes sur notre regard, sur notre imaginaire théologique. S'il est vrai que l'on est passé d'un sujet chrétien dont le regard « surplombait » la ville, à un sujet immergé dans le shaker de l'hybridation culturelle et souffrant de ses effets et impacts, il nous faut revenir à la « spécificité chrétienne » pour pouvoir dialoguer avec toutes les cultures : avec une culture chrétienne, trouvant sa source dans la foi, dont la hiérarchie des valeurs est comme notre maison ; avec une culture païenne, dont les valeurs sont assez clairement identifiables ; et avec une culture hybride et multiple comme celle qui est actuellement en germe, et qui requiert plus de discernement.

Former un peuple et édifier des villes vont de pair. Être peuple de Dieu et habiter la cité de Dieu, aussi. En

---

10. Cf. *Document d'Aparecida*, n. 516.

ce sens, l'imaginaire théologique peut être un ferment pour tout imaginaire social.

Au cours de l'*Exode* déjà, chaque campement portait en lui le germe d'une cité pour le peuple pèlerin en cours de formation. Et la promesse d'une terre où coulent le lait et le miel s'accomplit eschatologiquement dans l'*Apocalypse*, dans la Cité sainte, la Jérusalem céleste descendue du ciel. Les images révélées de la cité promise (la terre promise) et de la cité offerte (qui descend du ciel comme une fiancée) répondent aux espoirs toujours actifs en tout imaginaire social humain à l'œuvre dans la construction de la cité, et les dynamisent.

Les images de l'utopie avortée de Babel – la ville autosuffisante touchant le ciel – et de l'anti-cité consolidée s'étendant sur la terre – Babylone – expriment (et aident à exorciser) les peurs et angoisses de l'homme qui sent qu'il contribue à construire l'anti-cité qui le dévore.

Les images les plus fécondes offertes par l'imaginaire évangélique à tout imaginaire social sont celles du Royaume des Cieux. Ses citoyens ne le défendent pas par les armes (comme Jésus le dit à Pilate). En le vivant comme pur don (comme un trésor dans un champ), ils partagent ses bienfaits avec tous (les branches de l'arbre issu d'une graine de moutarde qui hébergent tous les oiseaux du ciel ; l'invitation au festin des noces étendue à tous les pauvres et les exclus). Le travail dans la vigne confère autant de dignité à tous, l'effacement de dettes et le souci pour chacun de produire le meilleur fruit (parabole des Talents) donnent vie aux plus profonds désirs citoyens.

À ce sujet, je suis convaincu qu'approfondir l'imaginaire évangélique de la cité, pour l'offrir dans toute sa richesse à la cité actuelle, est un service que nous rendons susceptible d'élargir l'espérance commune que nous partageons avec tous les habitants de notre ville, et de susciter une action commune conduite par la charité.

Regards qui éclairent et regards qui enténèbrent la cité

On le sait, la « spécificité chrétienne » est comprise dès l'origine comme « ferment qui fait dès aujourd'hui lever la pâte ». C'est la même chose que de nous sentir « pressés » par un Dieu vivant dans la ville, intimement mêlé à tous et à tout. Cette pensée nous surprend toujours alors que nous sommes déjà la main à la pâte, impliqués dans la situation concrète de l'homme réel, mêlés à tous les hommes dans une même histoire commune de salut.

Rien à voir, donc, avec des propositions éclairées, aseptisées, rompant avec le passé et partant de rien, qui prennent leurs distances pour « penser » ce qu'il faudrait faire pour que Dieu vive dans une cité sans dieux. Dieu vit déjà dans notre ville et il est urgent – au lieu de réfléchir – de sortir à sa rencontre pour le découvrir, pour tisser des liens de proximité, pour être avec lui dans sa croissance et incarner le ferment de sa Parole par des œuvres concrètes. Le regard de foi grandit à chaque fois que nous mettons la Parole en pratique. La contemplation s'affine dans l'action. Agir en bons citoyens – quelle que soit la ville – consolide la foi. Paul recommandait dès l'origine d'être « de bons citoyens » (cf. *Rm* 13,1). C'est l'intuition portée par la notion d'inculturation : vivre à fond l'humain, en toute culture, en toute ville, rend le chrétien meilleur et féconde la cité (cela la touche au cœur).

Le pasteur qui regarde sa ville à la lumière de la foi combat la tentation du « non-regard », du « non-voir ». Le refus de voir, que le Seigneur reproche avec tant d'insistance dans l'évangile, prend beaucoup de formes : l'aveuglement obstiné des scribes et des pharisiens, l'éblouissement non seulement des « lumières du centre » comme dit le tango[11], mais de la révélation même qui vient tenter les apôtres « sous l'aspect du bien[12] ». Ce refus de voir est aussi celui de ceux qui « passent en courant »... Mais il existe un degré plus fondamental de ce « non-regard ».

Il est difficile d'établir des catégories, mais on peut le décrire. Certains discours permettent d'entrevoir que la perspective émane d'une sorte de « nivellement des regards », si j'ose m'exprimer ainsi. Le regard de foi n'est pas perçu existentiellement comme un don que Dieu fait à l'homme placé à la frontière de l'existence pour être regardé et pour contempler le Dieu vivant. Le regard de foi est considéré comme une sorte de « résultat », comme

---

11. « Un día lejano/ se fue mi esperanza ! /Las luces del centro,/ imán de locuras, / llevaron sus ansias por mil desventuras !/ Tal vez una noche detenga su marcha / el tren de las once, y vuelva mi amor ! » (El tren de las once, tango de Horacio Susena). [NdT] « Un jour lointain / mon espoir s'enfuit ! / Les lumières du centre, / aimant de folies, / jetèrent ses désirs dans mille infortunes !/ Peut-être une nuit retiendra-il son cours / le train de onze heures, et mon amour reviendra ! »

12. Pierre défiant le Seigneur juste après l'avoir confessé comme Messie, les frères fils du tonnerre voulant faire pleuvoir le feu sur la ville qui ne reçoit pas le Seigneur...

« ce qui a déjà été dit dans un texte sur un sujet ». Ce regard de foi est rangé à côté des regards de la science ou des moyens de communication et, presque aussitôt, qualifié de « vieillot » ou de « pas à la mode », face au regard d'une science qui exhibe des choses novatrices. Celui qui parle ou écrit dans cette optique se place lui-même en une sorte de lieu privilégié d'où il « objective » la position traditionnelle et le nouveau paradigme.

Il est vrai que tout regard et toute réflexion ont un aspect comparatif, mais le point capital est de savoir s'il y a volonté de « rupture » ou – comme le dit Benoît XVI à propos des interprétations du concile Vatican II – volonté de « renouveau dans la continuité d'un sujet unique, qui croît et se développe en demeurant toujours le même[13] ».

Dans la vie courante, nous pourrions dire que le « non-regard » est celui d'un sujet « abstrait » (sans vie) qui considère des choses abstraites d'après des paradigmes abstraits. En revanche, le regard de foi est celui d'un sujet vivant – le peuple de Dieu en chemin, comme dit le

---

13. « Tout dépend de la juste interprétation que l'on fait du Concile ou plutôt, comme on dit aujourd'hui, de sa juste herméneutique, de la juste clef de lecture et de l'usage que l'on en fait. Les problèmes liés à la réception du Concile sont nés de l'affrontement de deux herméneutiques contraires. L'un a été source de confusión, l'autre de manière silencieuse mais de plus en plus visible a porté du fruit. D'un côté il y a une interprétation que j'appellerais *herméneutique de la discontinuité et de la rupture* ; celle-là a souvent obtenu la sympathie de médias et même d'une partie de la théologie moderne. De l'autre on trouve la *théologie de la réforme*, du renouvellement dans la continuité de l'unique sujet-Église que le Seigneur nous a donné ; c'est un sujet qui croît et se déploie dans le temps en restant toujours le même, unique sujet du Peuple de Dieu en chemin ». BENOÎT XVI, *Discours à la Curie romaine à l'occasion des vœux de Noël*, 22 décembre 2005 ; cité par A. SCOLA, « Croire l'Église », *Communio* (*XXXV*, 6 – nov.-déc. 2010), p. 54-58.

pape – qui porte un regard ecclésial sur des réalités vivantes au milieu desquelles Dieu aussi est vivant. Ce que je veux dire, c'est que les « non-regards » sont ceux de « non-sujets » et la ville, comme l'Église, a besoin du regard de sujets (ecclésiaux et citoyens, selon les cas).

Comment être certains que le regard de foi ne tombe pas dans ce travers que nous critiquons ? Je pense que ce regard ne peut être jugé a priori, mais qu'il se juge à ses fruits. Il n'a pas le poids médiatique des herméneutiques de rupture mais il porte du fruit à long terme. Quels fruits ?

En premier lieu, les actes de foi accroissent et amendent notre propre foi. Ils aident aussi à repérer certaines tentations et à les rejeter.

On peut dire que le regard de foi nous porte à aller chaque jour davantage à la rencontre de notre prochain habitant notre ville. Ce regard nous pousse à la rencontre, parce qu'il se nourrit de proximité. Il refuse la distance, car il sent qu'elle brouille ce qu'il désire voir ; la foi veut voir pour servir et pour aimer, non pour constater ou dominer. En sortant dans la rue, la foi réprime l'avidité du regard dominateur et chaque personne réelle qu'elle regarde en voulant la servir l'aide à mieux atteindre son « véritable objet d'amour », Jésus Christ venu dans la chair. Celui qui prétend croire en Dieu et « ne voit pas » son frère, se leurre.

Les progrès dans la foi en ce Dieu qui vit dans notre ville renouvellent l'espérance de nouvelles rencontres. L'espérance nous délivre de cette force centripète qui conduit le citoyen contemporain à vivre isolé dans la grande ville, attendant le courrier électronique et connecté virtuellement seulement. Le croyant qui voit à la lumière de l'espérance, combat cette tentation de ne pas regarder, née du désir de vivre emmuré dans les bastions de sa propre nostalgie ou de la soif de fouiner. Son regard n'est pas le regard avide de « voir ce qui s'est passé aujourd'hui » des journalistes. Le regard d'espérance est comme celui du Père miséricordieux qui sort chaque matin et chaque soir sur la terrasse de sa demeure, guettant le retour du fils prodigue et dès qu'il le voit de loin, il court à sa rencontre pour l'embrasser. En ce sens, le regard de foi, qui se nourrit de proximité et ne tolère pas la distance, ne se satisfait pas non plus de moments passagers et conjoncturels et c'est pourquoi, pour bien voir, il s'inscrit dans le mouvement propre à tout ce qui vit, agissant ainsi comme un ferment. Et, comme les processus vitaux demandent du temps, le regard de foi les accompagne. C'est ainsi qu'il nous sauve de la tentation de vivre dans le temps « morcelé » de la postmodernité.

Si nous partons du constat que l'anti-cité s'étend par le non-regard, que la plus grande exclusion consiste à ne pas même « voir » l'exclu – celui qui dort dans la rue n'est pas vu comme une personne mais comme une part de la saleté et de l'abandon du paysage urbain, de la culture du rejet, de la « décharge » – la cité humaine croît par le regard qui « voit » en l'autre un concitoyen. En ce sens, le regard de foi est le ferment d'un regard citoyen. C'est ce qui nous permet de parler d'un « service de la foi » : c'est un service existentiel, testimonial, pastoral.

Un regard qui inclut sans relativiser

Suis-je en train d'affirmer que, à elle seule, la foi réforme la cité ? Oui, en ce sens que seule la foi nous délivre des généralisations et abstractions d'un regard érudit dont les seuls fruits sont d'autres savoirs. La proximité, l'« enfouissement » et le sentiment d'être un ferment faisant lever la pâte, portent la foi à désirer approfondir ce qui lui est propre, ce qui est spécifiquement chrétien : pour pouvoir regarder l'autre, le prochain, de façon indivise et cependant non confusément, la foi désire « voir Jésus ». C'est un regard qui, pour inclure, se limite et se clarifie lui-même.

Si nous nous plaçons sur le terrain de la charité, nous pouvons dire que ce regard nous évite, sous prétexte d'intégrer, de relativiser la vérité. La ville actuelle est relativiste : tout est permis, et nous pourrions succomber à la tentation de nous croire obligés de « relativiser » la vérité pour ne pas discriminer, pour pouvoir intégrer tout le monde. Il n'en est rien. Notre Dieu, qui vit dans la cité et s'investit dans sa vie quotidienne, ne discrimine ni ne relativise. Sa vérité est celle de la rencontre qui dévoile les visages dont chacun est unique. Intégrer des personnes avec leur visage et leur nom propres, n'oblige pas à relativiser des valeurs ni à autoriser des anti-valeurs. Refuser de discriminer et de relativiser suppose au contraire la force d'accompagner des évolutions et la patience du ferment qui aide à grandir. La vérité de celui qui accompagne est plus d'indiquer des chemins d'avenir que de juger les enfermements passés.

Le regard de l'amour ne discrimine pas et ne relativise pas, car il est miséricordieux. Et la miséricorde crée la plus grande proximité, celle des visages ; et comme elle veut aider pour de vrai, elle cherche la vérité la plus douloureuse – celle du péché – mais pour en trouver le vrai remède. Ce regard est à la fois personnel et communautaire. Il s'inscrit dans le temps, en avançant plus lentement que les choses (s'approcher d'un malade demande du temps), et il crée des structures accueillantes et non excluantes, ce qui requiert aussi du temps.

Le regard de l'amour ne discrimine et ne relativise pas, car c'est un regard d'amitié. On accepte les amis tels qu'ils sont, et on leur dit la vérité. C'est aussi un regard communautaire, qui porte à accompagner, à faire nombre, à être un de plus aux côtés des autres citoyens. Ce regard est le socle de l'amitié sociale, du respect des différences non seulement économiques mais aussi idéologiques. Il est à la base de tout travail de volontariat. On ne peut pas aider celui qui est exclu, si l'on ne crée pas de communautés accueillantes.

Le regard de l'amour ne discrimine pas et ne relativise pas, parce qu'il est créatif. L'amour gratuit est un ferment qui stimule et corrige tout ce qui est bon et qui transforme le mal en bien, les problèmes en opportunités. Le pasteur qui porte un regard d'agapè découvre les potentialités à l'œuvre dans la ville et s'identifie à elles, en leur insufflant le ferment de l'Évangile.

Ces trois propriétés du regard et de l'agir du pasteur ne sont pas le fruit d'une description pieuse mais celui d'un discernement émanant de l'« objet » (s'il nous est permis d'employer ce terme, car le Seigneur ressuscité est bien plus qu'un objet) que nous contemplons et de la personne que nous servons. Un Dieu vivant au milieu de la ville exige de creuser le chemin de ce regard que nous proposons.

Il ne s'agit pas de se regarder le nombril comme on le ferait en « regardant comme nous regardons ». Car la ville produit les mêmes illusions que les mirages dans le désert. Et nous pouvons nous leurrer en toute bonne conscience. La foi est toujours provoquée à surmonter des illusions. Nous avons été trompés (parfois trop, peut-être) par l'illusion des idéologies politiques, considérant non seulement les villes sinon tout notre continent à la lumière d'idéologiques qui proposaient des voies rapides pour atteindre la justice. Nous en avons payé un prix de violence et de dévaluation de la politique qui commence tout juste à s'inverser. D'autres illusions existent de nos jours. C'est peut-être l'opposition dans le temps qui nous permet d'en saisir la racine. Si les illusions politiques exigeaient de passer rapidement à l'action, les illusions savantes la « freinent » plutôt. Le problème ici, c'est que la théorie devient parfois si compliquée qu'au lieu de susciter des « sorties apostoliques », elle génère des « discussions sur les projets apostoliques ».

Conclusion

Dieu vit dans nos villes et l'Église vit dans nos villes. La mission n'interdit pas d'apprendre de la ville – ses cultures et ses évolutions – tandis que nous sortons proclamer l'Évangile. C'est un fruit de l'Évangile lui-même, qui interagit avec le terrain où il tombe comme le grain. Ce n'est pas seulement la ville moderne qui est un défi ; cela l'a toujours été, l'est et le sera de toute ville, toute culture, toute mentalité et tout cœur humain.

La contemplation du mystère de l'Incarnation, présentée par saint Ignace dans les *Exercices spirituels*, est un bon exemple du regard que l'on propose ici[14]. Un regard qui ne s'embourbe pas dans ce dualisme oscillant constamment des diagnostics à la planification, mais qui s'inscrit avec force dans la réalité de la ville et s'engage avec elle dans l'action. L'Évangile est un kérygme accepté qui pousse à le transmettre. Les médiations s'élaborent au long de notre vie et de notre coexistence.

Par la contemplation du mystère de l'Incarnation, saint Ignace nous fait « voir comme » la Très Sainte Trinité « regarde » le monde. Le regard proposé par Ignace n'est pas celui qui s'élève du temporel à l'éternité en quête de la vision béatifique, pour ensuite « déduire » un ordre temporel idéal. Ignace propose un regard qui permet au Seigneur de « s'incarner nouvellement » (*EE* 109) en ce monde tel qu'il est. Le regard des trois Personnes est un regard qui « s'insère ». La Trinité voit tout : « toute l'étendue ou la circonférence du monde entier, pleine d'hommes », et pose son

14. « Le premier point est de voir les personnes, les unes et les autres. – Premièrement, celles qui sont sur la face de la terre, si différentes, aussi bien par leurs vêtements que par leur visage : les uns blancs et les autres noirs, les uns en paix et les autres en guerre, les uns pleurant et les autres riant, les uns en bonne santé et les autres malades, les uns naissant et les autres mourant, etc. – Deuxièmement : voir et considérer les trois Personnes divines, comme sur leur siège royal ou trône de leur divine Majesté ; comment elles regardent toutes la face et la circonférence de la terre, et tous les peuples en si grand aveuglement, et comment ceux-ci meurent et descendent en enfer. – Troisièmement : voir Notre Dame et l'ange qui la salue. Et réfléchir afin de tirer profit de cette vue » (*EE* 106).

diagnostic et son projet pastoral. « Voyant » comment les hommes perdent la Vie parfaite (« ils descendent tous en enfer »), « elle décide en son éternité (Ignace pénètre le désir le plus intime et absolu du cœur de Dieu, la volonté salvifique que tous les hommes vivent et soient sauvés) que la deuxième Personne se fasse homme pour sauver le genre humain » (*EE* 102). Ce regard universel devient aussitôt concret. Ignace nous fait regarder « particulièrement la maison et les chambres de Notre-Dame, dans la ville de Nazareth, dans la province de Galilée » (*EE* 103).

Le même mouvement est à l'œuvre dans le Lavement des Pieds en *saint Jean*: c'est parce qu'il a une conscience lucide qui embrasse tout, que le Seigneur (« sachant que le Père lui avait tout remis entre les mains », *Jn* 13,3) se ceint du linge et lave les pieds de ses disciples. Le regard le plus pénétrant et le plus élevé ne conduit pas à de nouvelles visions mais à l'action la plus humble, précise et concrète.

En gardant bien toutes ces réflexions à l'esprit, nous pouvons dire pour conclure, que le regard du croyant sur la ville conduit à trois attitudes concrètes :

Sortir de soi à la rencontre de l'autre s'exprime par la proximité, des actes de proximité. Notre regard doit toujours être ouvert et proche. Non pas autocentré, mais transcendant.Le ferment et le grain de la foi s'expriment par le témoignage (« Bienheureux ceux qui savent ces choses et les mettent en pratique », cf. *Lc* 11,28). La foi a une dimension de martyre.

Et l'accompagnement s'exprime par la patience, la persévérance qui accompagne les évolutions sans heurter les limites.Il me semble que c'est là que se trouve le service que, en tant qu'hommes et femmes croyants, nous pouvons apporter à notre ville.

★

Note aux lecteurs à propos de « Aparecida »

Inaugurée par le pape Benoît XVI qui en approuva le Document le 29 juin 2007, la Ve Conférence générale de l'Épiscopat latino-américain et des Caraïbes s'est tenue du 13 au 27 mai 2007, sur le thème « Disciples et missionnaires de Jésus Christ pour que nos peuples aient la vie en Lui », à Nossa Senhora Aparecida, principal sanctuaire marial du Brésil.

Aparecida se situe dans le sillage des Conférences de Medellin (1968) et de Puebla (1979) dont on retrouve l'esprit missionnaire et communautaire, et exprime certaines grandes intuitions de l'Église en Amérique latine, parmi lesquelles nous pouvons mentionner l'option préférentielle pour les pauvres mise en valeur par Benoît XVI dans son discours inaugural comme une «option de Dieu», les «petites communautés» ou « Communautés Ecclésiales de Base » et une lecture vivante de la Parole de Dieu en communauté.

Un des principaux apports du Document fut de reprendre la méthode pastorale prédominante en Amérique latine : Voir-Juger-Agir. Les trois grandes parties du Document correspondent à ces trois dynamiques, qui ne peuvent être séparées. Il s'agit de partir d'une analyse et réflexion sur la situation du monde et de l'Église pour discerner les directrices et réponses pastorales adaptées. La reprise de la méthode inductive fut une source de tensions. Ni le Document de préparation, ni la Synthèse des contributions élaborée par Rome n'utilisaient la méthode ; leur approche était toute déductive. Mais, le pape ayant choisi cette méthode dans son discours d'introduction, elle fut retenue dans le Document aussi. Choisir cette méthode, c'était reconnaître l'autonomie du temporel et des sciences profanes, et l'importance de les connaître pour évangéliser la société. Le Document final a été traduit en français par la Conférence des évêques de France, pôle Amérique latine (247 pages).

II

2.
Cela vaut la peine de lutter pour l'abolition de l'esclavage[1]

La Parole de Dieu est forte. C'est Dieu qui nous dit : « Crie à pleine gorge ! Ne te retiens pas ! Que ta voix résonne comme le cor et dénonce à mon peuple ses fautes » (*Is* 58,1). N'ayez pas peur. N'ayez pas peur de nous dire la Vérité même si la Vérité nous blesse. Aujourd'hui, malgré notre honte, nous nous réunissons pour nous reconnaître mutuellement. Pour nous regarder en face et nous dire : « Vous avez une dignité, et on veut vous la prendre. » Et crions. Aujourd'hui nous nous réunissons pour nous sentir plus forts, car en cette ville où nous vivons, on veut nous affaiblir, on veut nous prendre notre force, on veut nous voler notre dignité.

L'an dernier, dans une église de La Boca, au cours d'une messe semblable à celle-ci, je me suis pris à dire que dans cette ville de Buenos Aires, si belle, si nôtre, il y a des esclaves. Je le répéterai encore aujourd'hui. Et aujourd'hui, nous sommes venus nous regarder en face pour nous dire les uns aux autres : « Si vous luttez, je lutte avec vous ; si nous nous regardons et luttons ensemble, il y aura moins d'esclaves. » L'an dernier, je

1. *Homélie, Buenos Aires, 4 septembre 2009.*

vous disais que dans notre ville de Buenos Aires, je vous l'affirme avec beaucoup de peine, il y a ceux qui « rentrent » dans ce système et ceux qui « sont de trop », qui ne tiennent pas, pour qui il n'y a pas de travail, pas de pain ni de dignité. Et ceux qui « sont de trop » sont mis au rebut car dans notre ville de Buenos Aires, on « élimine » les personnes et nous sommes pleins de « poubelles existentielles », d'hommes et de femmes méprisés…

« Tu n'as rien d'autre à dire, Père ? »… Si. Une chose pire encore : ces hommes et ces femmes, ces garçons et ces filles qui ne tiennent pas, qui sont mis au rebut, méprisés, on les traite comme des marchandises. Ils sont objets de traite. Et aujourd'hui, nous pouvons affirmer que la traite d'êtres humains existe dans notre ville, dans les ateliers clandestins, parmi les chiffonniers, dans le milieu de la drogue, celui de la prostitution. C'est pourquoi la Parole de Dieu nous dit : « Crie à pleine gorge et sans peur » ; et moi aujourd'hui, je vous dis : « Crions à pleine gorge et sans peur. » Non à l'esclavage. Non à ceux qui sont de trop. Non aux jeunes, hommes et femmes mis au rebut. C'est notre chair qui est en jeu ! C'est notre chair que l'on vend ! La même chair que la mienne, que la vôtre, est mise en vente ! Et la chair de ton frère ne va pas t'émouvoir ? « Non, il n'est pas comme moi. » Et bien moi, aujourd'hui, je dis : « Crions à pleine gorge et sans peur. » Non à l'esclavage, non à ceux qui sont de trop… C'est ton frère, c'est ta chair.

Aujourd'hui, Dieu nous dit la même chose qu'à Caïn : « Caïn, qu'as-tu fait de ton frère ? » (il l'avait tué).

Et Caïn de répondre, avec un grand cynisme : « Est-ce que je sais ! Suis-je le gardien de mon frère ? » C'est ainsi que répond bien souvent notre grande ville de Buenos Aires ! « Que m'importe, devrais-je m'occuper de tout ? » Mais c'est ton frère, c'est ta chair, ton sang !... Nous nous sommes endurcis, nous avons perdu notre cœur. Buenos Aires a oublié de pleurer parce qu'elle vend ses enfants, Buenos Aires a oublié de pleurer parce qu'elle exclut ses enfants, Buenos Aires a oublié de pleurer parce qu'elle soumet ses enfants en esclavage... Et aujourd'hui nous nous regardons en face. L'un de vous pourrait dire : Bon, le prêtre va nous dire de prier. Je ne vous dis qu'une chose, c'est de nous regarder en face aujourd'hui, de reconnaître la dignité de notre frère et de lutter pour que cette dignité perdure. Et ouvrons en notre cœur un passage aux larmes, à ces larmes qui implorent pardon pour ce crime de la traite d'êtres humains. Je n'invente rien, mais j'ai écouté ce que l'on m'a dit : les ateliers clandestins, les mineurs soumis à la prostitution, le trafic de drogue... tout ce monde des pots-de-vin qui couvre tout et rend tout ceci possible.

Aussi frères et sœurs, restons tous unis les uns aux autres. Chacun de nous a quelque chose à offrir aux autres. Luttons ensemble pour que cette ville comprenne jusqu'où elle est tombée... et qu'elle pleure, et se reprenne... et qu'il y ait de la justice. Ensemble, affirmons que cela vaut la peine, de lutter pour qu'il n'y ait plus d'esclavage dans Buenos Aires... Il y a beaucoup d'esclavage. Car c'est ce que Dieu nous demande aujourd'hui : « Crie à pleine gorge ! Ne te retiens pas ! Que ta voix résonne comme le cor. » Affrontons tous ceux qui inventent cette infernale machine à exclure, cette infernale machine à mépriser les gens, reprochons-leur leur conduite et demandons à Dieu de changer leur cœur.

À ceux d'entre nous qui veulent engager cette lutte, que Dieu continue de donner force et courage, afin que Buenos Aires regrette son injustice, qu'elle regrette son amour du monde, qu'elle pleure d'être devenue une mère d'esclaves. Que Dieu nous accorde la grâce de cette prise de conscience et de cette lumière. Ainsi soit-il.

3.
Seul l'amour nous sauvera[1]

« Un scribe qui avait entendu la discussion, et remarqué que Jésus avait bien répondu, s'avança pour lui demander: "Quel est le premier de tous les commandements ?" Jésus lui fit cette réponse : "Voici le premier : Écoute, Israël : le Seigneur notre Dieu est l'unique Seigneur. Tu aimeras le Seigneur ton Dieu de tout ton coeur, de toute ton âme, de tout ton esprit et de toute ta force. Voici le second : Tu aimeras ton prochain comme toi-même. Il n'y a pas de commandement plus grand que ceux-là". » (Mc 12, 28-34)

En ce soixantième bicentenaire de la Patrie, la commémoration de mai 1810 nous renvoie une fois de plus aux fondements de notre vie commune, familiale et sociale, et donc sociopolitique également. Ces premiers mouvements et accords constitutifs furent le début d'un long processus, un tourbillon d'événements conduisant à l'indépendance de la Nation où nous vivons aujourd'hui et dont nous voulons être des acteurs citoyens.

---

1. *Homélie prononcée le 25 mai 2012 au cours du Te Deum pour la Fête nationale d'Argentine, en la cathédrale métropolitaine de Buenos Aires.*

L'Évangile que nous venons d'entendre nous donne à voir une situation de communion de sentiments soudaine et profonde, au moment précis où beaucoup d'oppositions commençaient à se manifester autour de Jésus : celles du pouvoir en place, celles des prêtres et d'une partie de la foule qui se met à prendre ses distances ou se désintéresse de lui.

Un scribe, personne à priori peu encline à s'entendre avec le Maître de Nazareth, vient à lui animé d'une curiosité plutôt intellectuelle et inquisitrice, pour vérifier la solidité de sa foi. Mais il est stupéfait de découvrir un compatriote qui non seulement connaît la justice de Dieu mais qui, en plus, est doté d'un cœur généreux. Il découvre une personne qui l'invite de façon purement gratuite et bienveillante à entrer dans la plénitude : « tu n'es pas loin du Royaume des cieux ». L'opposant potentiel se voit ainsi élevé au rang de frère par Jésus, le Maître, qui lui offre gratuitement de partager la plénitude du Royaume. Seul un cœur magnanime, un cœur toujours aimant, comme l'annonce le commandement objet de leur dialogue, peut jeter des ponts et tisser des liens. On ne peut faire pleinement confiance qu'à l'amour. Selon les termes de sainte Thérèse de Lisieux, le Docteur de l'amour : « C'est la confiance et rien que la confiance qui doit nous conduire à l'Amour ».
Par-delà les vicissitudes de l'histoire et les ambiguïtés humaines, nos pères de Mai, malgré toutes leurs différences et leurs erreurs, misèrent sur la confiance mutuelle, source et fruit de l'amour, sur l'espoir de poser les jalons nécessaires pour prendre en main notre destin et tout ce que nous représentons en tant que Patrie et Nation. Aussitôt, un véritable amour social se

manifesta dans le sacrifice quotidien au service de l'édification de cette Nation. La sueur et le sang, les reniements et bannissements écrivent les pages de notre histoire. Les haines fratricides et les ambitions personnelles qui entravent et retardent son cours eurent beau s'opposer, elles ne firent que confirmer que l'amour porté à ce projet fondateur était en train de réaliser ce rêve de devenir argentins. Inachevé ou tronqué, blessé ou appauvri, ce rêve est fait pour continuer à prendre chair et l'Évangile d'aujourd'hui nous éclaire en nous rappelant l'amour fondateur.

Un amour qui exige « tout ton cœur et toute ton âme, tout ton esprit et toutes tes forces » car Jésus sait, comme le savaient les sages d'Israël, que celui qui aime Dieu à ce point ne craint pas d'aimer aussi son prochain, cela lui est tout naturel. Quelles que soient leurs fragilités et leurs limites, ceux qui aiment de tout leur être volent légèrement, libres de toute influence ou pression. Celui qui n'aime pas avec « son cœur et son âme » rampe lourdement entravé par ses calculs et ses craintes ; il se sent poursuivi et menacé ; il lui n'a de cesse de renforcer son pouvoir sans s'arrêter aux conséquences.

Jésus ne donne pas seulement un commandement au sens commun du terme, il proclame la seule manière possible de créer un lien et une communauté humanisante : l'amour gratuit, sans appel, fait de convictions fortes, qui considère chacun comme un proche, c'est-à-dire comme lui-même. S'il est vrai qu'il est très rare de rencontrer un homme qui ne ressente ni besoin, ni manque ni désir concernant l'amour, il est tout aussi vrai que nos limitations le réduisent toujours et le limitent à nos intérêts personnels. L'amour que propose Jésus est gratuit et sans limites et c'est bien pour cela que beaucoup le tiennent, Lui et son enseignement, pour un délire, une folie ; et qu'ils préfèrent s'accommoder d'une médiocrité ambiguë… sans la critiquer ou la combattre. Ces prédicateurs de la médiocrité culturelle et sociale exigent des autres et des autorités des comportements éthiques, lorsque leurs propres intérêts sont en jeu. Mais sur quoi donc fonder l'éthique, si ce n'est sur l'intérêt que « l'autre » et « les autres » éveillent en moi ? Il en est ainsi si l'amour est ma conviction et mon attitude première, c'est-à-dire si j'accepte la « folie » proposée par Jésus.

Cette « folie » du commandement de l'amour que le Seigneur propose et pour laquelle il plaide en nous, écarte les autres « folies » si quotidiennes qui mentent, blessent et finissent par interdire la réalisation du projet de Nation : celle du relativisme et celle du pouvoir comme pensée unique. Sous prétexte du respect des différences, le relativisme homogénéise par la transgression et la démagogie. S'il permet tout, c'est pour ne pas assumer la difficulté qu'impose le soutien courageux à des valeurs et des principes. Le relativisme est, curieusement, absolutiste et totalitaire ; il interdit que l'on s'écarte de lui-même, il n'est en rien différent du « tais-toi » ou « ne t'en occupe pas ».

Le pouvoir comme pensée unique est un autre mensonge. Si les préjugés idéologiques déforment notre vision du prochain et de la société en fonction de nos propres craintes et certitudes, le pouvoir comme pensée unique accentue le point de vue accusatoire et préconçu,

selon lequel « tout point de vue est une représentation du pouvoir » et « chacun cherche à dominer les autres ». Cela érode la confiance sociale qui, comme je l'ai indiqué, est la source et le fruit de l'amour.
Jésus, en revanche, a témoigné du pouvoir de l'amour comme service. Ce pouvoir de l'amour aura beau être détruit, toujours il ressuscitera. Il prend sa source au-delà de l'humain, dans l'amour paternel de Dieu, source inatteignable et incontestable. Leur amour réciproque ne peut être manipulé ou mal interprété. Le pouvoir de Jésus n'est fondé que sur l'amour supérieur, l'amour de Dieu.

Nous sommes invités à nous appuyer à nouveau sur la puissance de l'amour simple et profond, cet amour dont nous parle aujourd'hui l'Évangile, commandement qui relie l'amour du Christ et de Dieu le Père aux liens et à la dignité du prochain aimé « comme soi-même ». Mais instrumentaliser le nom de Dieu – ou tout autre notion réelle ou théorique – pour dominer et opprimer, c'est tomber dans l'idolâtrie pure et simple et agir ainsi n'est pas agir comme Lui avec nous.

Cette Fête nationale est un moment propice pour prendre le temps de nous interroger sur « le cœur, l'âme, l'esprit et les forces » de notre amour citoyen et familial. Cet amour qui nous apprend à vivre bien et à soutenir le développement des autres, qui sont comme nous et qui, en leur qualité de personnes et de compatriotes, ont autant droit que nous à l'amour. Aucun système ou idéologie n'assure spontanément le délicat et juste travail politique du bien commun, le bien de chacun de nous. Il faut pour cela vivre l'amour comme un don estimé que l'on invoque, qui inspire notre morale et incite au sacrifice, à la prudence et la détermination. Aussi, pour répondre à ce commandement qui convoque toutes nos énergies, à ce don qui nous aide à affermir notre sens civique et politique et qui, surtout, exige d'avoir un cœur généreux, nous ferons bien en ce jour, de faire notre examen de conscience avec un vrai courage et de nous interroger concrètement sur une réalité quotidienne qui, à l'opposé de l'amour, est une conséquence du manque d'amour : qu'est-ce qui nous pousse à être complices, par notre indifférence, des marques de négligence et de mépris à l'encontre des plus faibles de la société ?

Nous sommes poussés par l'appétit insatiable de pouvoir, le consumérisme et la fausse éternelle jeunesse qui rejettent les plus faibles comme une matière méprisable d'une société devenue hypocrite, occupée à assouvir son désir de « vivre comme il nous plaît » (comme si c'était possible) et guidée uniquement par la satisfaction de caprices adolescents. Le bien public et commun nous semblent de peu d'importance, pourvu que notre « ego » soit satisfait. Nous sommes scandalisés de certaines réalités sociales exposées par les médias…. mais nous reprenons au plus vite notre carapace, et rien ne saurait nous décider à assumer la conséquence politique qui devrait être la plus haute expression de la charité. Les plus faibles sont éliminés : les enfants et les personnes âgées.

Il m'arrive de penser que nous nous conduisons envers les enfants et les jeunes comme des adultes ayant renoncé. Nous négligeons les petits parce qu'ils nous confrontent à une amertume et à un vieillissement que nous refusons pour nous-mêmes. Nous les abandonnons à l'arbitraire de la rue, au « sauve-qui-peut » des lieux de loisir ou à l'anonymat passif et froid des nouvelles technologies. Nous les livrons à eux-mêmes et nous les imitons, parce que nous refusons notre rôle d'adultes. Nous ne comprenons pas que le commandement de l'amour exige de prendre soin, de poser des limites et d'ouvrir des perspectivies, de témoigner par notre propre vie. Et, comme toujours, les plus pauvres subissent l'infanticide social le plus tragique : violence et mise en danger, trafics, abus et exploitation des mineurs.

Les personnes âgées aussi sont abandonnées. Cela va plus loin que la précarité matérielle. Ils sont abandonnés à l'incapacité égoïste d'accepter leurs limites, miroir des nôtres, face aux nombreux obstacles qu'ils doivent aujourd'hui surmonter pour survivre alors qu'ils ne peuvent pas participer, exprimer leur opinion ou montrer l'exemple, dans une société consumériste dont le mot d'ordre est que « seule la jeunesse est intéressante et a droit au bonheur ». Ces personnes âgées qui devraient être le réservoir de sagesse de notre peuple, aux yeux de notre société tout entière.

Comme il nous est facile, lorsque l'amour fait défaut, d'engourdir notre conscience ! Cet engourdissement est signe d'une sorte d'anesthésie de l'esprit et de la vie. Nous livrons nos vies et, bien pire, celle de nos enfants et de nos jeunes, aux solutions miracles et destructrices des drogues (légales ou non), du jeu légalisé, de l'auto-médication, de la banalisation de spectacles sans contenu, du soin fétichiste apporté au corps. Nous les emprisonnons dans le narcissisme et le consumérisme. Et nous jetons nos anciens, qui méprisent ce narcissisme et ce consumérisme, à la décharge existentielle. C'est ainsi que le manque d'amour instaure la « culture de la décharge » : ce qui ne sert plus, on le jette.

Cette exclusion, véritable anesthésie sociale, est renforcée par les représentations identitaires du discours médiatique de dénigrement de tout ce qui ne correspond pas à l'idéologie en vogue, et par la propagation diffuse d'un « lien liquide », sans contrainte, comme nouveau modèle de noyau familial. Elle continue ainsi à produire des sujets qui mettent au monde des enfants sur lesquels pèsent encore et toujours la désorientation d'adultes qui ne savent pas aimer. Ces adultes les négligent et les abandonnent, perpétuant ainsi tragiquement en leur descendance leur propre vide intérieur. Ne soyons donc pas surpris de l'ampleur de la violence exercée contre les enfants et les personnes sans défense. Inquiétons-nous plutôt de notre capacité à détourner le regard et à jouer les distraits, par lâcheté.

Le manque d'amour, son abaissement et son abâtardissement permanents, malgré quelques discours pseudo religieux, ne fait pas que nous déshumaniser. Il finit par nous dépolitiser. L'amour en revanche, pousse à prendre soin des biens et surtout du Bien commun qui génère et accroît les biens particuliers. Une politique sans amour du prochain, sans passion pour le bien, aboutit à un rationalisme de la négociation ou à un appétit vorace uniquement tourné vers la jouissance du pouvoir. Aucune éthique n'est ici possible, car l'autre ne suscite aucun intérêt.

Contempler la façon dont Jésus a vécu et transmis son commandement de l'amour m'inspire une réflexion : il pourrait sembler faible, eu égard aux prétentions de pouvoir illimité de l'homme d'aujourd'hui, qui semble éprouver une soif de pouvoir rejetant toute impression de faiblesse. Nous ne supportons pas de nous voir faibles. Le dialogue et la recherche des vérités qui nous portent à construire un projet commun, demandent de l'écoute, des sacrifices, l'aveu de ses erreurs et de ses échecs... Cela exige d'accepter notre faiblesse. Mais il semble que nous tombions toujours dans le travers contraire : les erreurs sont commises par « d'autres » et sûrement « ailleurs ». Crimes, tragédies, lourdes condamnations pour faits de corruption, mais... « il ne s'est rien passé ». Personne n'assume ce qu'il faut faire ni ce qui a été fait. Cela ressemble à un jeu inconscient : « ce n'est rien » est, finalement, une vérité ; peut-être avons-nous fini par être et nous sentir « rien ».

Concernant le pouvoir : l'exercice consistant à rechercher toujours plus de pouvoir, en guise d'adrénaline, crée aujourd'hui un sentiment artificiel de plénitude et conduira demain à l'autodestruction. Le vrai pouvoir, c'est l'amour. C'est lui qui donne aux autres leur force, qui suscite des initiatives, lui qu'aucune chaîne ne peut entraver puisqu'il est possible d'aimer jusque sur la croix ou sur son lit de mort. Il n'a besoin ni de beauté juvénile, ni de reconnaissance ou d'approbation, ni d'argent ou de prestige. Il se contente de jaillir... et on ne peut l'arrêter. Si on le calomnie ou qu'on le détruit, il en acquiert une reconnaissance encore plus incontestable. Ce Jésus, si faible et insignifiant aux yeux des politologues et des puissants de la terre, a révolutionné le monde.

Le commandement de l'amour cherche à nous faire entendre l'appel à travailler notre capacité d'amour. Ce n'est pas un simple instinct naturel, c'est un don qui, selon notre nature et par initiative divine, consolide notre être à condition de le cultiver et de lui permettre de s'exprimer. Mais sans amour, l'âme se fane et s'endurcit, elle devient vite cruelle. Ce n'est pas pour rien que nos anciens désignent par l'expression typique « sans âme » celui qui n'a ni compassion ni considération pour son prochain. Bien qu'ils ne pensent pas pareil, c'est l'amour qui inspire leur noblesse au scribe et à Jésus. Et « noblesse oblige ». Jésus permet de construire le Royaume ; basée sur la confiance en ce qui est supérieur, la confiance mutuelle nous aide à vivre ensemble et à construire ensemble une communauté nationale pour notre bien commun.

Aujourd'hui, l'amour nous appelle à ne pas agir à court terme, mais dans le souci des générations futures et sans les abandonner à la facilité. L'amour nous appelle à agir sans relativismes immatures, négligents et lâches. Il nous appelle à agir sans nous laisser anesthésier face à la réalité, et sans cette politique de l'autruche consistant à détourner notre visage de nos échecs et de nos erreurs. L'amour nous invite à accepter qu'en notre faiblesse même, réside toute notre capacité à nous reconstruire, à nous réconcilier et à grandir.

Loin d'être un sentimentalisme banal et une simple impulsion, l'amour est une tâche essentielle, sublime et irremplaçable qu'il devient aujourd'hui indispensable de proposer à notre société déshumanisée. Le pape Benoît XVI l'a souligné dans deux de ses encycliques, rappelant que la propagation de la merveilleuse force vitale de l'amour humain ne peut s'accomplir ni acquérir sa noblesse et son véritable sens, sans l'Amour comme Don reçu de Dieu. Cela seul permettra de donner une signification solide et refondatrice à nos efforts, à nos succès et nos échecs, même s'ils sont entremêlés et conflictuels comme ceux de mai 1810. Nous savons bien où nous mènent l'appétit vorace du pouvoir, les intérêts personnels imposés comme un absolu et le dénigrement de celui qui ne pense pas comme soi : cela nous conduit à l'endormissement des consciences et à la négligence. Seule la doctrine simple du commandement de l'amour, constant, humble et sans vanité mais ferme dans ses convictions et dans son don aux autres, pourra nous sauver.

Sainte Marie de Luján, modèle d'amour, de l'amour silencieux et patient, daigne toujours nous accompagner et nous bénir au pied de la croix et dans la lumière de l'espérance.

4.
Savoir éduquer dans l'harmonie[1]

La première lecture[2] nous décrivait la vie des premiers chrétiens, et le portrait de l'apôtre est très simple : « la multitude des croyants avait un seul cœur et un seul esprit », c'est-à-dire qu'ils vivaient en harmonie. Les premières communautés chrétiennes avaient compris que le message de Jésus, vécu avec sagesse, les portait à vivre en harmonie ; et ils surmontaient les conflits pour préserver cette harmonie. En lisant ce texte avant la messe, j'ai réfléchi à la façon dont vivaient ces premières communautés et à notre messe d'aujourd'hui… Et je me demandais si notre tâche éducative ne devrait pas passer par cette quête de l'harmonie : harmonie en chaque garçon et chaque fille qui nous sont confiés, leur harmonie intérieure, celle de leur personnalité. C'est en travaillant artisanalement, à l'exemple de Dieu, façonnant comme le potier la vie de ces jeunes, que nous pourrons atteindre l'harmonie. Nous les garderons des dissonances toujours obscures, alors que l'harmonie est lumineuse, claire, c'est la

---

1. *Homélie prononcée en la Cathédrale métropolitaine à l'occasion de la messe pour l'Éducation, 18 avril 2012.*

2. *Ac* 4,32.1.

lumière. Ce qu'il faut obtenir, c'est l'harmonie d'un cœur qui croît et que nous accompagnons sur ce chemin d'éducation.

Une harmonie qui s'appuie sur deux axes majeurs : elle se forme à la jonction de la limite et de l'infini. Une éducation uniquement pointée sur la limite efface les personnalités, confisque la liberté, diminue la personne. Il est impossible d'éduquer à base de limites, à force de « non... on ne peut pas », « ça ne se fait pas », « on ne doit pas » ou de « fais comme ceci ! »... Non ! Cela ne fait pas grandir et, si l'on grandit, on grandit mal. Ce n'est pas possible non plus avec une harmonie qui ne serait que pur infini, simple fuite en avant sans aucun point d'appui : ce n'est pas de l'harmonie mais c'est une éducation qui aboutit à la désorientation absolue du « tout se vaut », au relativisme existentiel, l'un des pires fléaux qui s'offrent aux jeunes. Bien souvent, en voyant cet existentialisme si relatif et sans aucune référence que l'on propose partout aux jeunes, je pense à notre prophète de Buenos Aires[3] : « Vas-y à fond... tout se vaut... nous nous retrouverons tous dans le four à la fin. » Alors ces jeunes, auxquels on n'a pas posé de limites et qui se précipitent en avant, sont dans le four ! Maintenant ! Et nous allons nous retrouver dans le four ! Et bientôt il y aura des hommes et des femmes dans un four !

Il y a donc deux choses : savoir guider vers l'harmonie, savoir modeler le jeune cœur au milieu des

---

3. Enrique Santos Discépolos, auteur du tango *Cambalache* annonçant dès 1934 les fractures politiques en Espagne puis en Europe tout entière.

limites et des infinis… Un éducateur qui sait circuler entre ces deux extrêmes fait grandir, un éducateur qui agit en tension entre ces deux extrêmes est un éducateur qui fait mûrir. Mieux encore, évoluer entre ces deux extrêmes c'est faire confiance aux jeunes, savoir qu'il y a là un grand matériau humain ! Il suffit de le stimuler ! Et nous en sommes témoins : il y a ici un olivier planté il y a dix ans par ces jeunes, après une fête de la Paix, parce qu'on les avait incités à travailler pour la paix ! En 2007 ces mêmes jeunes ont collaboré au projet Cité éducative approuvé par l'Assemblée nationale… ce sont eux qui l'on fait ! Ils en sont capables ! Et aujourd'hui, dans ce projet d'École des voisins, des jeunes d'écoles publiques et privées, tous unis et de différentes croyances, tous ensemble, montrent la créativité de nos jeunes. Buenos Aires commence à en prendre conscience et nous demande d'étendre l'École des voisins en d'autres lieux du pays. Je ne cite que trois choses qu'ont faites nos jeunes, mais je pourrais en dire bien plus ! Ils l'ont fait parce qu'ils ont été guidés entre la limite et l'infini. Tel est aujourd'hui notre défi : créer l'harmonie entre la limite et l'horizon.

Ce sont ces jeunes qui vont accueillir notre génération. Et nous nous demandons comment ils seront lorsqu'ils nous recevront… Auront-ils assez d'harmonie intérieure ? Auront-ils assez intériorisé la limite et auront-il assez d'espérance en l'avenir pour nous accueillir comme ceux qui les ont précédés dans la vie, qui leur ont tracé le chemin de sagesse ? Ou seront-ils stupides et nous abandonneront-ils dans un asile malodorant, tenant plus de la décharge que d'une maison pour des êtres humains ? Saurons-nous sauver cette jeunesse de la culture de la décharge qui est en train de s'installer ? Alors que nous sommes si sensibles – et c'est une bonne chose – à tout ce qui ressemble à une atteinte à notre autonomie, sommes-nous aussi sensibles aux graves atteintes à l'harmonie de nos jeunes que l'on jette sur le bord de la route après les avoir exploités ? Sommes-nous sensibles aux atteintes de la drogue, de l'alcool, du manque de limites ?

Ces jeunes sont ceux qui nous accueilleront. Nous allons leur confier le drapeau. Posons-nous la question : comment le portons-nous ? Bien haut ? Et eux, comment pourront-ils le recevoir ? Seront-ils des hommes et des femmes adeptes d'un drapeau toujours en berne ? Ou seront-ils des hommes et des femmes éduqués dans l'harmonie et avec une certitude d'avenir, qui porteront le drapeau au sommet du mât ? C'est ce que nous allons demander aujourd'hui : la grâce de savoir éduquer dans l'harmonie ; de savoir pétrir ces jeunes cœurs pour qu'ils vivent dans la liberté, loin de tout choix asservissant, qui envahit et supprime la liberté.

5.
Écouter la voix des plus faibles[1]

Le 31e pèlerinage des jeunes au sanctuaire de Lujan a pour thème « Mère, aide-nous à prendre soin de la vie ». Nous demandons cette grâce à notre Mère, dans la prière et avec une confiance filiale : qu'elle nous aide à protéger la vie et toute vie, n'a-t-elle pas dit à saint Juan Diego[2] : « Ne suis-je pas ici, moi qui suis ta mère ? » La savoir proche, avec sa tendresse maternelle, nous encourage à continuer de la prier avec un cœur d'enfant : « Mère, aide-nous à protéger la vie. » À la lumière de cette prière filiale, je veux vous soumettre un problème vital affectant notre société.

Ces dernières années, de nouvelles réalités se sont imposées dans nos villes : celles des gens vivant sur le trottoir... Le plus douloureux à mon sens concerne les situations injustes et dangereuses dont sont victimes nos enfants et adolescents.

---

1. *Homélie en la fête de sainte Thérèse de l'Enfant Jésus, patronne des enfants de l'archidiocèse de Buenos Aires, Buenos Aires, 1er octobre 2005.*

2. Juan Diego Cuauhtlatoatzin (1474-30 mai 1548) est, selon l'Église, un Indien mexicain de la tribu des Nahuas qui aurait assisté en 1531 à l'apparition de la Vierge Marie sous la forme de la Vierge de Guadalupe. Il est le premier saint indien de l'Église catholique romaine depuis sa canonisation par le pape Jean-Paul II en 2002.

Enfants et jeunes dans la rue, mendiant, dormant dans le métro, les halls, les recoins ; « sniffant » parfois, seuls ou en groupe, sont devenus une réalité quotidienne de notre paysage urbain qui nous émeut et nous scandalise

Enfants et jeunes chiffonniers, fouillant les ordures en quête de nourriture, parfois leur seul repas quotidien, jusque tard dans la nuit.

Enfants et jeunes accomplissant, souvent sous l'autorité d'adultes qui les exploitent, des travaux légaux ou non de vendeurs, porteurs, laveurs de carreaux, grooms ou distributeurs de tracts dans le métro… La « traction animale » est interdite dans Buenos Aires. Une charrette de chiffonnier tirée par un âne peut être confisquée… mais des centaines de charrettes tirées par des jeunes circulent partout dans la ville, puisque c'est interdit avec un cheval.

Le 13 août dernier, nous avons appris par la presse l'existence d'un réseau pédophile dans les quartiers… Des enfants de 5 à 15 ans contraints à de relations avec des adultes. Il y a quelques années, nous nous indignions de l'existence de sex-tours européens organisés en Asie impliquant des enfants… ils sont aujourd'hui installés chez nous, jusque dans le programme de certains hôtels de luxe (mêmes remarques concernant le trafic de drogue, la consommation massive d'alcool).

Les statistiques nous indiquent que la plupart de nos enfants sont pauvres et qu'environ 50 % des pauvres sont des enfants. Cette indigence dramatique a des conséquences indéniables : carences nutritives, culturelles, insalubrité, violence et promiscuité permanentes, qui pèsent sur leur développement, hypothèquent les liens personnels, l'insertion sociale. Certains tour operators vont jusqu'à inclure dans leur circuit les Cités d'Urgence ou vivent ces enfants.

La société du spectacle, notamment les programmes de télévision, promeut constamment la décadence sexuelle et la frivolité, dévalorise la famille, inverse les valeurs, exalte la violence et une liberté irresponsable et « clanique », transformées en modèles de comportement pour notre jeunesse face à la passivité des organismes de contrôle et le financement complice des entreprises et institutions.

Cette réalité exprime une dégradation morale toujours plus grande et nous conduit à nous demander comment retrouver le respect de la vie et de la dignité de nos enfants. Nous leur volons leur enfance et hypothéquons leur avenir et le nôtre : cette responsabilité que nous partageons au sein de la société, pèse davantage sur les plus puissants, mieux éduqués et plus riches.

Si nous regardons la réalité religieuse : combien d'enfants ne savent pas prier ! Combien n'ont jamais appris à rechercher et contempler le visage du Père du Ciel, qui les aime et les préfère ! Grave carence dans l'être même d'une personne.

Toutes ces réalités nous pressent et nous placent face à notre responsabilité de chrétiens, à notre devoir de citoyens, à notre obligation de solidarité comme membres d'une communauté que nous voulons chaque jour plus humaine, plus digne et plus conforme à la dignité humaine et de la société.

Face à cette réalité de nos jeunes, une sorte d'accoutumance toujours plus passive et indifférente, comme si l'injustice était la norme, s'installe. Ou une attitude faussement normative prétendant défendre le bien commun, appelant à la répression et un contrôle croissants, allant de l'abaissement de l'âge de la responsabilité pénale, jusqu'à la séparation forcée des jeunes avec leur famille, parfois en judiciarisant indûment des situations de pauvreté familiale ou en appuyant une institutionnalisation discrétionnaire et abusive.

Nous pourrions poursuivre notre description, qui nous arrache un cri pour la prise de conscience. Nous devons prendre conscience de l'état d'urgence absolue de nos enfants et nos jeunes. Nous devons affronter nos responsabilités personnelles et sociales face à cette urgence. Nous devons assumer comme nôtres les devoirs constitutionnels en ce domaine.

Nous devons prendre conscience que chaque jeune marginalisé, abandonné ou à la rue, sans accès suffisant à l'éducation et aux soins, est précisément l'expression non seulement d'une injustice, mais aussi d'un échec institutionnel qui implique tant la famille, que les voisins, les institutions locales, la paroisse et les pouvoirs publics. Bien des situations exigent une réponse immédiate, mais non éphémère. La recherche et l'amélioration de réponses qui ne soient pas du rapiéçage ne peuvent faire oublier que nous avons aussi besoin de changer nos cœurs et nos mentalités pour rendre à la vie de ces jeunes toute sa valeur et sa dignité, depuis leur conception dans le sein de leur mère jusqu'à leur repos dans le sein de Dieu le Père, et à agir chaque jour en ce sens.

Nous devons nous avancer dans le Cœur de Dieu et commencer à écouter la voix des plus faibles, ces enfants et adolescents, en nous rappelant ces paroles du Seigneur : « Celui qui accueille en mon Nom l'un de ces petits, m'accueille » (*Mt* 18,5) et « Gardez-vous de mépriser aucun de ces petits ; car Je vous dis que leurs Anges dans le Ciel voient sans cesse la face de Mon Père qui est dans les Cieux » (*Mt* 18,10). Ces voix, et la Parole du Seigneur, devraient nous presser dans notre engagement et notre action :

- aucun enfant abandonné dans notre ville ;
- aucun adolescent et jeunes marginalisé dans notre ville ;
- aucun chrétien, aucun paroissien, aucune autorité inactive ou indifférente face aux souffrances de nos familles et de nos enfants ;
- aucun égoïsme ou intérêt personnel ou catégoriel freinant l'effort et l'engagement à plus d'unité et de coordination dans la tâche urgente et indispensable.

Je suis inquiet et peiné de cette situation. C'est ce qui m'a poussé à vous écrire. J'ai abordé ce sujet avec quelques spécialistes, avec le vicariat de l'enfance, la Commission de l'enfance et de l'adolescence en danger, avec des juges et des législateurs [...] Mais je voudrais surtout que nos yeux ne s'habituent pas à ce nouveau paysage urbain dont les enfants sont les acteurs. Je vous supplie d'ouvrir nos cœurs à cette douloureuse réalité...

Les Hérode de notre temps ont bien des visages, mais la réalité demeure inchangée : on tue les enfants, on tue leur sourire, on tue leur espérance... Ils sont de la chair à canon. Portons un regard neuf sur ces enfants de notre ville et réapprenons à pleurer. Regardons la Vierge et disons-lui, du plus profond de notre cœur : « Mère, aide-nous à protéger la vie. »

6.
Hommage aux anciens[1]

La vieillesse est un bien et non une disgrâce. Aujourd'hui s'est répandue l'image d'une vieillesse décrépite et déplorable. Les nombreux moyens de communication ne gaspillent pas une feuille ou une image illustrant favorablement une vieillesse comblée et pleine de sens. Au contraire, on se moque de la vieillesse, on dévalorise le fait d'être âgé, on voue un culte à la jeunesse éternelle. Dans beaucoup de nos pays d'Amérique Latine et des Caraïbes, les lois concernant les seniors sont dans la majorité des cas de belles déclarations principes, mais dans la pratique, on assiste à une exclusion systématique des personnes âgées de l'ensemble de la vie civile.

Les arguments néolibéraux de cette exclusion se fondent sur le poids économique qu'induit une population âgée, l'augmentation des dépenses et des nouvelles thérapies vouées à préserver la santé de nos seniors. Les systèmes de répartition des retraites témoignent, dans beaucoup de nos pays, d'une véritable injustice entre les

---

1. *Fête de la Présentation du Seigneur, 2 février 2008.*

apports qui ont été faits et la maigre retraite que perçoit la majorité de nos anciens.

Malheureusement, la société ne se fait pas l'écho de cette situation d'exclusion sociale que vivent nos seniors. Les maisons de repos et de retraite sont de plus en plus nombreuses, la promiscuité et l'abandon, comme le manque d'intérêt pour leur santé, font de ces endroits de véritables « dépôts pour les vieux ».

Et même si l'euthanasie n'est pas autorisée dans de nombreux pays, c'est bien ce qui se fait en cachette à travers ces attitudes d'exclusion et d'abandon.

Face à ce panorama, l'Église tente d'être « la voix de ceux qui n'ont pas de voix ».

Déjà, Puebla avait fait référence à la situation des anciens en Amérique latine, en nous montrant leur visages de pauvreté et de marginalisation : « visages d'anciens, chaque jour plus nombreux, fréquemment marginalisés de la société du progrès qui écarte les personnes non productives ».

Le texte nous parle aussi de « l'abandon total » dont souffrent les anciens dans un monde qui génère chaque fois plus d' «exclus» du système socio-économique ». Aujourd'hui, les anciens sont non seulement exclus, mais ils sont aussi « de trop » dans une société qui accepte et célèbre uniquement ceux qui ont le pouvoir, la beauté physique et le faste de la célébrité.

L'Église propose des chemins de salut et se charge des « laissés pour compte » de cette société. Ainsi agit Jésus et ainsi nous souhaitons nous même agir, en tant que disciples missionnaires. Nous voulons montrer à la société, dans un dialogue ouvert mais qui inclut la justice et la vérité, que nos anciens sont dignes de respect et non objets de pitié. Nous sommes leurs débiteurs et nous ne leur devons pas seulement considération, mais vénération.

Le *Document d'Aparecida*[2] se fait l'écho de cette situation et propose quatre points de réflexion sur nos grands-parents et nos anciens :

1) le dialogue intergénérationnel (n° 447).
2) le respect et la gratitude envers les anciens (n° 448).
3) la reconnaissance de leur difficultés (n° 449).
4) l'attention humaine et spirituelle des anciens (n° 450).

Cette description est proposée d'une manière positive, les seniors sont un bien pour la société, pour la famille et pour l'Église.

Le dialogue intergénérationnel

Le déroulement de la présentation à l'Église nous met devant la rencontre de générations : les enfants et les anciens. (447)

L'enfant naît à la vie, l'assume et se plie à la Loi, et les anciens célèbrent la vie avec la joie du Saint-Esprit. Les enfants et les anciens construisent le futur des peuples. Les enfants, parce qu'ils feront avancer l'histoire ; les anciens parce qu'ils transmettent l'expérience et la sagesse de leurs vies.

---

2. Document final de la Ve conférence générale de l'Épiscopat latino-américain et des Caraïbes, *Aparecida*, 13-31 mai 2007.

L'image si belle et pleine de sens de la représentation de Jésus au temple fait référence à une rencontre, à un dialogue entre les anciens et les enfants.

La bénédiction et la louange de Simeon et Anne, avancés en âge, se mélangent avec l'innocence de l'Enfant et l'attente de ses parents. Dans cet événement, c'est précisément Marie et Joseph qui servent de lien et de pont à la rencontre de générations. Cette image est provocatrice. Malheureusement dans beaucoup de familles, on ridiculise la parole des anciens, comme s'ils étaient hors du temps, perdus dans l'histoire, etc..

Mais il est non moins vrai que dans beaucoup de familles d'Amérique latine et Caraïbe, ce sont les grands-parents qui se chargent de l'éducation de leurs petits enfants, qui leur transmettent la foi, les valeurs et les savoirs auxquels il est très difficile d'accéder par ailleurs.

C'est là que le témoignage et la sagesse de nos anciens se transforme en la plus grande richesse de nos peuples : ils sont les dépositaires de la mémoire collective et ils savent transmettre cette mémoire aux jeunes générations et, même si le plus souvent ils ne sont pas écoutés, parce qu'ils se répètent, nous finissons par dire : « comme le disait ma grand-mère… ».

Si nous faisons fi des récits et des expériences de nos anciens, si nous ne laissons pas la sagesse de toute une vie jaillir, nous hypothéquons le futur, car une société saine ne peut se construire sans ces trois piliers : la mémoire de nos seniors, la vigueur de nos jeunes, et l'innocence de nos enfants.

Le respect et la gratitude envers les anciens

Le respect et la gratitude envers les anciens doivent être témoignés en premier lieu par leur propre famille (448).

La Parole de Dieu nous incite de bien des façons à respecter et à valoriser nos personnes âgées et nos anciens.

Aussi nous invite-t-elle à apprendre d'eux avec gratitude, et à les accompagner dans leur solitude et leur fragilité.

La phrase de Jésus : « Gardez toujours les pauvres auprès de vous et secourrez les quand vous le voudrez » (Mc 14,7), peut beaucoup nous apprendre d'eux, parce qu'ils font partie de chaque famille, peuple ou nation.

Cependant, petit à petit, ils sont oubliés et négligés par la société et par leur propre famille. Le respect et la gratitude sont des attitudes vertueuses, fondamentales pour construire une société plus juste et fraternelle. Les manques de respects sont un reflet des manques d'amour, une marque d'égoïsme. La gratitude, elle, est le propre des cœurs humbles qui savent reconnaître que ce que nous possédons est un don reçu.

Combien nous devons à nos anciens ! La famille est l'unique espace de la société où peuvent se conserver les valeurs fondamentales qui donneront vie aux nouvelles générations. Combien d'exemples de douceur et de chaleur nos grands-parents nous offrent-ils !

Un regard engageant, un repas inhabituel, une photo, des anecdotes d'un autre temps, une parole assurée et efficace, les gestes et les actions dont les grands-parents savent entourer leurs petits-enfants sont nombreux.

A leur propos, la Bible dit : « Tu te lèveras devant l'ancien, et tu seras respectueux avec les personnes d'un âge avancé. Ainsi tu craindras ton Dieu. Je suis le Seigneur » (Lv 19, 32).

Justement, par le respect et la gratitude, nous voulons « nous mettre debout » devant nos seniors et leur faire ressentir qu'ils sont importants aux yeux de Dieu, qu'ils sont encore utiles à la famille et à la société.

La reconnaissance de leurs difficultés

Beaucoup de nos anciens ont passé leur vie à faire le bien de leur famille et de la communauté, à la place où ils étaient et selon leur vocation (449).

Beaucoup sont de véritables disciples missionnaires de Jésus par leur témoignage et leurs œuvres. Ils méritent d'être reconnus comme les fils et les filles de Dieu, appelés à partager la plénitude de l'amour, et à être aimés, en particulier, au nom de la croix de leur maladie, de leur capacité diminuée ou de leur solitude.

La famille ne doit pas seulement regarder les difficultés qu'implique le fait de vivre avec eux ou de s'occuper d'eux. Elle ne peut pas les considérer comme un poids ou une charge. Il est lamentable que, dans certains pays, il n'y ait pas de politiques sociales qui prennent suffisamment en charge les personnes âgées retraitées, pensionnées, malades ou abandonnées.

En conséquence, nous exhortons à l'élaboration de schémas de politiques sociales justes et solidaires qui répondront à ces nécessités.

Le *Document d'Aparecida* poursuit en décrivant le rôle important de la famille dans l'accompagnement de nos personnes âgées et anciens. La famille est le milieu où les personnes âgées se trouvent accueillies et retenuse.

L'Eglise célèbre aussi ce don que les anciens offrent à tant de communautés paroissiales. Aujourd'hui ce sont majoritairement nos fidèles, ils participent aux célébrations liturgiques, consacrent une grande partie de leur temps au service des pauvres, visitent les hôpitaux et les maisons de retraites, sont missionnaires dans de vastes zones de notre continent. Leurs paroles soutiennent l'Église, les conseils de nos anciens ont sauvé plus d'une vocation sacerdotale et religieuse. Enfin, au-delà de leurs troubles physiques et spirituels, ils nous donnent un exemple de force et de zèle apostolique.

Autant les personnes âgées ont leur place au sein de l'Église, autant ce n'est pas le cas dans l'ensemble de la société civile ; de là l'importance d'encourager des politiques solidaires et justes qui intègrent nos personnes âgées et ne les réduisent pas seulement à être les destinataires de quelque aumône démagogique.

Il s'agit de construire un espace commun avec tous les membres de la société et pas seulement de construire un « refuge » pour que nos vieux ne dérangent pas.

La considération humaine et spirituelle pour les anciens

L'Église se sent impliquée dans la recherche de l'entière considération humaine de toutes les personnes âgées, en les aidant aussi à suivre et vivre leur foi au Christ malgré leur condition actuelle, et de les intégrer le plus possible aux missions d'évangélisation (450).

Pour cela, bien que l'Église soit reconnaissante du travail que les religieuses, religieux et volontaires réalisent, elle veut rénover ses structures pastorales et préparer encore plus de représentants, dans le but d'élargir ce précieux service d'amour.

Le *Document d'Aparecida* conclut sur l'engagement à prodiguer la aux anciens considération humaine et spirituelle, en les faisant être partie prenante de la mission du Christ pour le salut de l'humanité.

De fait, dans bien des diocèses d'Amérique Latine et des Caraïbes, de nombreuses congrégations religieuses portent une attention particulière aux personnes âgées, que ce soit dans l'organisation de groupes paroissiaux qui répondent entièrement aux nécessités et aux besoins de nos anciens, comme dans plusieurs mouvements ecclésiastiques qui comptent un nombre important de personnes âgées.

Pour conclure, je souhaiterais faire référence à la rencontre de Jésus et Nicodème (Jn 3, 1-21). Ici le Maître invite le pharisien à « renaître ». C'est seulement en naissant de l'Eau et du Saint-Esprit que nous atteignons la plénitude en tant que disciples missionnaires. Renaître à une vie nouvelle, empreinte de sens et d'espoir, est un don que le Seigneur nous offre à tous mais, dans ce cas particulier, à un ancien.

Le besoin de compagnie, un regard apaisant qui calme l'angoisse que provoque la proximité de la mort, le fait de se sentir utile, prier et soulager la douleur sont quelques-uns des signes de cette « renaissance de là-haut » qu'offre le Seigneur à nos personnes âgées et à nos anciens.

Notre Mère la Vierge sut vieillir aux côtés de l'Église naissante et être l'exemple de la volonté de Dieu.

Qu'elle accompagne nos personnes âgées.

Qu'elle nous montre la fidélité au Seigneur dans tous les âges de la vie, et qu'elle nous accompagne et nous protège sur le chemin de la vie, depuis l'enfance jusqu'à la vieillesse.

7.
Le mariage précède l'État[1]

M. Dr Juste Carbajales
Directeur du Service de la Pastorale des laïcs
Conférence épiscopale d'Argentine
Suipacha 1032
1008 – Buenos Aires

Cher Juste

La Commission épiscopale pour les laïcs de la Conférence Épiscopale Argentine, en sa qualité d'instance citoyenne, a pris l'initiative d'organiser une manifestation contre l'éventuelle promulgation de la loi sur le mariage entre personnes du même sexe, tout en réaffirmant la nécessité pour les enfants d'avoir droit à un père et une mère pour leur éducation. Par ces lignes, je tiens à apporter mon soutien à cette expression de la responsabilité des laïcs.

Je sais, parce que tu me l'as exprimé, que ce ne sera pas une action contre quiconque, car nous ne voulons pas juger ceux qui pensent et ressentent différemment que nous. Cependant, plus que jamais, à l'occasion du

1. Lettre au Dr Juste Carbajales, Buenos Aires, le 5 juillet 2010.

bicentenaire et étant convaincus d'édifier une nation qui comprend la pluralité et la diversité de ses citoyens, nous soutenons clairement qu'on ne peut rendre identique ce qui est divers ; l'acceptation des différences est nécessaire à la vie sociale.

Il ne s'agit pas de simples conventions terminologiques ou formelles d'une relation privée, mais d'un lien de nature anthropologique. L'essence de l'être humain tend à l'union de l'homme et de la femme comme lieu d'accomplissement réciproque, d'attention et de soins, et comme la voie naturelle pour la procréation. Cela confère au mariage sa transcendance sociale et son caractère public. Le mariage précède l'État, il est le socle de la famille, la cellule de la société, antérieure à toute loi et même à l'Église. Par conséquent l'adoption du projet de loi serait un grave recul anthropologique.

Le mariage (formé d'un homme et d'une femme) n'est pas la même chose que l'union de deux personnes de même sexe. Distinguer n'est pas discriminer, mais respecter ; différencier pour discerner consiste à évaluer correctement, pas à discriminer. À une époque où nous insistons sur la richesse du pluralisme et de la diversité culturelle et sociale, il est contradictoire de minimiser les différences fondamentales de l'homme. Un père n'est pas la même chose qu'une mère. Nous ne pouvons pas enseigner aux générations futures qu'il est équivalent de se préparer à développer un projet familial fondé sur un engagement de relation stable entre un homme et une femme, que de vivre avec une personne du même sexe.

Soyons attentifs, lorsque nous prétendons promouvoir un prétendu droit des adultes, à ne pas négliger le droit prioritaire des enfants (qui doivent être les seuls privilégiés) de s'appuyer sur des modèles de père et de mère, d'avoir un papa et une maman.

Je vous en conjure, qu'il n'y ait de votre part, ni dans vos paroles ni dans vos cœurs, aucune marque d'agressivité ou de violence envers aucun frère. Nous, chrétiens, agissons en serviteurs d'une vérité dont nous ne sommes pas propriétaires. Je prie le Seigneur qu'il soit avec vous dans votre action avec sa douceur, cette douceur qu'il demande à chacun de nous.

Je te demande, s'il te plaît, de prier et de faire prier pour moi. Que Jésus te bénisse et que la Sainte Vierge te garde

Fraternellement,

Card. Jorge Mario Bergoglio s.j
Buenos Aires 5 juillet 2010

8.

La dette et justice sociales[1]

En novembre 2008, les évêques argentins affirmaient que la « dette sociale » était la grande dette des Argentins. Elle nous interpelle et nous oblige. De là naît la nécessité d'en prendre conscience et d'être attentifs à ce qu'en dit la Doctrine Sociale de l'Église.

Il ne s'agit pas seulement d'un problème économique et statistique. C'est avant tout un problème moral qui nous affecte dans notre dignité la plus profonde. « La dette sociale se compose de privations qui mettent en grand danger le maintien de la vie, de la dignité des personnes et les possibilités de développement humain ».

La « dette sociale » est aussi une dette existentielle liée à la crise du sens de la vie. L'acceptation d'un sens de la vie en plénitude va de pair avec la perception qu'a l'individu de son lien aux activités qu'il réalise quotidiennement et aux groupes sociaux dans lesquels il se réalise et partage sa vie. L'origine du vide existentiel remonte, comme Durkheim l'a montré, au détachement de l'individu de son milieu social ; une carence du sens de

1. *Conférence d'ouverture au colloque sur «la Dette Sociale» organisé par EPOCA, 30 septembre 2009.*

l'appartenance se traduit par une altération de l'identité. « Avoir une identité » implique fondamentalement d'« appartenir ». Pour surmonter cette dette sociale, il est donc nécessaire de reconstruire le tissu social et les liens sociaux.

L'UCA définit la « dette sociale » comme une accumulation de privations et de carences dans des domaines distincts se rapportant aux nécessités de l'être personnel et social. En d'autres termes, c'est comme une violation du droit à tendre vers une vie accomplie, active et digne dans un contexte de liberté, d'égalité des chances et de progrès social.

Le fondement éthique à partir duquel il est commun de juger la dette sociale comme immorale, injuste et illégitime réside dans la reconnaissance sociale du grave préjudice que ses conséquences cause sur la vie, la valeur de la vie – et donc sur la dignité humaine.

« Sa plus grande immoralité, disent les évêques argentins, réside dans le fait que cela arrive dans une nation qui est objectivement en situation d'éviter ou de corriger de tels préjudices mais qui, malheureusement paraît avoir choisi d'aggraver encore plus les inégalités. » Cette dette est établie entre ceux qui ont la responsabilité morale et politique de prendre sous leur tutelle et promouvoir la dignité de la personne et ses droits, et les membres de la société qui voient leur droits s'amoindrir.

Les droits de l'Homme, comme le dit le Document de Santo Domingo, « sont violés non seulement par le terrorisme, la répression, les assassinats, mais aussi par l'existence de conditions d'extrême pauvreté et de structures économiques injustes, à l'origine de grandes inégalités »

La Dette Sociale comme question anthropologique

Le principe fondamental que la Doctrine Sociale de l'Église qui nous permet de traiter de la dette sociale est celui de la dignité inviolable de la personne et de ses droits, dignité à laquelle nous participons tous et que nous reconnaissons dans les pauvres et les exclus. D'elle dérive cet autre principe qui oriente l'activité humaine : l'homme est le sujet, origine et finalité de toute activité politique, économique et sociale. Chaque homme, tout l'homme et tous les hommes, comme nous le disent Paul VI et Jean-Paul II.

Nous ne pouvons répondre en vérité au défi d'éradiquer l'exclusion et la pauvreté si les pauvres continuent d'être des objets, destinataires de l'action de l'État et des autres organisations dans une posture paternaliste et d'assistanat, et non des sujets, l'État et la société générant les conditions sociales qui promeuvent leurs droits et leur permettent d'être les architectes de leur propre destin.

Dans l'encyclique *Centesimus Annus*, Jean-Paul II nous met en garde sur la nécessité « d'abandonner une mentalité qui considère les pauvres – en tant que personne ou peuple – comme un fardeau, ou comme des gêneurs et des importuns, avides de consommer ce que les autres ont produit ». « Les pauvres, écrit-il, exigent le droit de participer et de profiter des biens matériels et de faire fructifier leur force de travail, créant ainsi un monde plus juste et plus prospère pour tous ».

Dans le même sens, il faut aujourd'hui affirmer que la question sociale, la dette sociale, s'est transformée radicalement en une question anthropologique. Au-delà de la logique des échanges dans lesquels le marché se meut, il existe une chose due à l'homme parce qu'il est homme.

Ce dû entraîne comprend la possibilité de survivre et de participer activement au bien commun de l'humanité. « Empêcher que les besoins humains fondamentaux restent insatisfaits et que les hommes en soient opprimés est un devoir de justice et de vérité ».

Il est nécessaire d' « aider ces personnes dans le besoin à acquérir des connaissances, à rentrer dans le cercle des échanges, à développer leurs aptitudes pour mieux valoriser leurs capacités et leurs revenus » .

Les causes de la croissance de la pauvreté et de l'exclusion

Avec l'exclusion sociale, l'appartenance à la société dans laquelle nous vivons se trouve affectée jusque dans ses racines. On évolue à la périphérie, on évolue en dehors. Les exclus – envers lesquels nous avons une dette – ne sont pas seulement « exploités », mais « de trop » et « jetables ». La culture actuelle tend à proposer des styles de vie contraires à la nature et à la dignité humaine. L'impact dominant des idoles du pouvoir, la richesse et le plaisir éphémère sont devenus, au-dessus de la valeur de l'individu, la norme de fonctionnement et le critère décisif dans l'organisation sociale.

La crise socio-économique, et l'augmentation de la pauvreté qui s'en suit, sont provoquées par les politiques inspirées des formes de néolibéralisme qui considèrent le profit et la loi du marché comme les paramètres absolus, au détriment de la dignité des individus et des peuples.

Dans ce contexte, nous redisons notre conviction que la perte du sens de la justice et le manque de respect envers les autres se sont aiguisés et nous ont amenés à une situation d'iniquité . La conséquence de tout cela est la concentration des richesses physiques, monétaires et de l'information dans les mains de quelques-uns, ce qui entraîne l'augmentation de l'inégalité et de l'exclusion.

En analysant la situation en profondeur, nous découvrons que cette pauvreté n'est pas le fruit de circonstances mais un produit de situations et de structures économiques, sociales et politiques, tout en reconnaissant qu'il y a bien d'autres causes à la misère. Cette pauvreté, nous disait Jean-Paul II, trouve dans de nombreux cas son origine dans des mécanismes qui, n'étant pas imprégnés d'un humanisme authentique mais de matérialisme, produisent dans le monde des riches de plus en plus riches et des pauvres toujours plus pauvres. Une telle réalité exige une conversion personnelle et des changements profonds dans les structures, qui répondent aux aspirations légitimes des peuples pour obtenir une réelle justice sociale .

Dette sociale et justice sociale

Le concile Vatican II nous disait que « les inégalités économiques et sociales excessives qui existent entre les membres de notre société, dans notre peuple, sont contraires à la justice sociale, à l'équité, à la dignité de la personne humaine et à la paix sociale et internationale

Depuis la première moitié du XXème siècle, la notion de justice sociale s'est installée dans la réflexion dans l'enseignement social de l'Église comme un véritable développement de la justice en général touchant à la dimension structurelle des problèmes sociaux, économiques et politiques. Benoît XVI, dans *Deus Caritas Est*, affirme que « la justice est l'objet et le moyen intrinsèque de toute politique » .

La justice sociale interdit qu'une classe en exclue une autre dans le partage des bénéfices. Elle exige que les richesses, qui augmentent constamment grâce au développement économique et social, soient distribuées entre chacune des personnes et des classes d'hommes, de manière à ce que soit préservée le bien commun, tant loué par Léon XIII.

La justice sociale désigne le bien commun qui actuellement consiste principalement en la défense des droits humains. Ils constituent une norme objective, fondement du droit positif, et ils doivent être reconnus, respectés et encouragés par l'autorité car ils sont antérieurs à l'État, ils sont inhérents à la personne humaine.

Activité politico-économique, développement intégral et dette sociale.

La pauvreté exige que nous prenions conscience de sa « dimension sociale et économique », parce qu'il s'agit avant tout d'un problème humain. Ce sont des noms et des prénoms, des visages. S'habituer à vivre avec des exclus et sans équité sociale est un grave manquement moral qui détériore la dignité de l'homme et qui compromet l'harmonie et la paix sociale.

Il existe une relation inverse entre développement humain et dette sociale. Moins il y a de développement, plus il y a de dette sociale. Pour cela le développement, qui implique toutes les capacités de l'individu, et l'équité doivent avancer ensemble et non séparément. L'activité économique ne peut résoudre tous les problèmes sociaux qui sont amplifiés par la logique mercantile. Elle doit s'organiser autour de la recherche du bien commun, qui est principalement la responsabilité de la communauté politique.

Nous devons conserver à l'esprit que séparer l'activité économique, qui consisterait uniquement à créer de la richesse, de l'action politique, qui aurait pour mission d'obtenir la justice par la redistribution, est la cause de graves déséquilibres. La Doctrine sociale de l'Église soutient que des relations humaines authentiques, d'amitié et de sociabilité, de solidarité et de réciprocité, peuvent exister au sein de l'activité économique.

Ce secteur n'est ni éthiquement neutre ni inhumain, ni antisocial par nature. C'est une activité de l'homme et, précisément parce qu'elle est une activité humaine, elle doit être éthiquement articulée et institutionnalisée. Le Pape Paul VI, en se référant à l'utilisation du capital, invitait à mettre en lumière sérieusement les dommages que le transfert de capitaux vers l'étranger, dans une pure optique de profit personnel, pouvait occasionner à la nation.

Jean-Paul II constatait que sous certaines conditions économiques et de stabilité politique absolument indispensables, la décision d'investir, d'offrir à un peuple l'occasion de donner de la valeur à son propre travail, est elle-même sous-tendue par une envie d'aider et par une confiance en la Providence, ce qui montre bien les qualités humaines des décideurs.

Le Pape Benoît XVI quant à lui, dans son encyclique sociale *Caritas in Veritate,* répétait que de nos jours tout cela reste valable, même si le marché des capitaux a été fortement libéralisé et que la mentalité technologique moderne peut amener à penser qu'investir est seulement un fait technique et non humain ni éthique

On ne peut pas nier qu'un certain capital peut faire le bien quand il est investi à l'étranger au lieu de l'être dans sa propre patrie. Mais la justice doit être préservée, en tenant compte de la manière dont s'est formé ce capital et du préjudice pour les gens du fait de sa non-utilisation dans son lieu d'origine.

Il faut éviter que les démarches financières soient motivées par la spéculation et cèdent à la tentation de chercher uniquement le bénéfice immédiat, au lieu de chercher la pérennité à long terme de l'entreprise, son utilité pour l'économie réelle et la promotion, sur un mode adéquat et opportun, d'initiatives économiques dans les pays qui ont besoin de développement.

Cependant, il n'est pas licite de délocaliser uniquement pour profiter de conditions particulièrement favorables, ou, pire encore, pour exploiter sans apporter à la population locale de véritable contribution : la naissance d'un système solide de production, et d'un système social, est un facteur indispensable pour une croissance stable. Nous pourrions dire que le capital aussi a une patrie.

« Dans ce sens, la nécessité d'un État actif, transparent, efficace et efficient qui promeut des politiques publiques, est une nouvelle forme d'option pour nos frères les plus pauvres. Ratifier et favoriser l'option de l'amour préférentiel pour les pauvres qui provient de notre foi en Jésus Christ, requiert que nous répondions aux besoins les plus urgents tout en collaborant avec d'autres organismes et institutions pour organiser des structures plus justes.

Conclusion

La « dette sociale » exige la réalisation de la justice sociale. Ensemble, elles interpellent tous les acteurs sociaux, en particulier l'État, les dirigeants politiques, le capital financier, les entrepreneurs agricoles et industriels, les syndicats, les Églises et l'ensemble des organisations sociales.

Nous pensons que, selon différentes sources, il y a à peu près cent cinquante mille millions de dollars argentins à l'extérieur du pays, sans compter ceux qui sont dans le pays mais en dehors du circuit financier, et sans parler des capitaux qui fuient le pays chaque mois. Je me demande, je vous demande : que pouvons-nous faire pour que ces ressources soient misent au service du pays dans le but de sortir de la « dette sociale » et de générer des conditions pour une croissance globale pour tous ?

Dans notre cas, la « dette sociale », ce sont des millions d'Argentines et d'Argentins, dont la majorité sont des enfants et des jeunes, qui attendent de nous une réponse éthique, culturelle et solidaire.

Ceci nous oblige à travailler pour changer les causes structurelles et les comportements individuels ou corporatistes qui génèrent cette situation ; et à travers un dialogue, réussir à mettre en place les accords qui nous permettront de transformer cette réalité douloureuse à laquelle nous nous référons lorsque nous parlons de « dette sociale ».

L'Église, en reconnaissant et en parlant de « dette sociale », souligne une fois de plus son amour et sa préférence pour les pauvres et les marginaux à qui Jésus Christ s'est particulièrement identifié (Mt 25, 40). Elle le fait à la lumière du primat de charité, témoignant de la tradition chrétienne, commençant par l'Église pèlerine » (Cf. 1 Co 16,1; 2 Co 8-9; Ga 2,10), et selon la tradition prophétique (Is. 1, 11-17, Jr 7, 4-7; Am 5, 21-25).

Pour l'Église il est essentiel de traiter le problème de la dette sociale parce que l'homme, et en particulier les pauvres, sont précisément le chemin de l'Église puisqu'ils ont été le chemin de Jésus Christ.

III

9.
Franchir le seuil de la foi[1]

Chers frères,

Parmi les expériences les plus fortes de ces dernières décennies, se trouve celle des portes fermées. L'insécurité croissante a conduit, peu à peu, à barricader les portes, installer des systèmes de surveillance, des caméras de sécurité, à se méfier de l'étranger qui frappe à notre porte.

Cependant, dans certains villages, il y a encore des portes ouvertes. La porte fermée, voilà tout un symbole de notre aujourd'hui. C'est quelque chose de plus qu'une simple donnée sociologique, c'est une réalité existentielle, qui marque un style de vie, une manière d'affronter la réalité, les autres, l'avenir. La porte fermée de ma maison, qui est le lieu de mon intimité, de mes rêves, de mes espoirs et de mes souffrances, comme de mes joies, cette porte est fermée aux autres. Il ne s'agit pas seulement de ma maison matérielle, il s'agit aussi de l'enceinte de ma vie, de mon cœur. Ils sont chaque fois

1. *Lettre pour l'Année de la foi aux prêtres, consacrés, consacrées et fidèles laïcs de l'archidiocèse de Buenos Aires, 1er octore 2012.*

moins nombreux, ceux qui peuvent franchir ce seuil. La sécurité offerte par les portes blindées protège l'insécurité d'une vie qui devient plus fragile et moins accessible aux richesses de la vie et de l'amour des autres.

L'image d'une porte ouverte a toujours été le symbole de la lumière, de l'amitié, de la joie, de la liberté, de la confiance. Nous avons tellement besoin de retrouver tout cela ! la porte fermée nous fait du mal, nous ankylose, nous sépare.

Nous commençons l'année de la foi et, paradoxalement, le pape nous propose l'image de la porte, une porte qu'il faut franchir pour pouvoir trouver ce qui nous fait tellement défaut. À travers la voix et le cœur de pasteur de Benoît XVI, l'Église nous invite à franchir le seuil, à faire un pas, par une décision intérieure et libre : nous stimuler à entrer dans une vie nouvelle.

La porte de la foi nous renvoie au livre des Actes des apôtres : « À leur arrivée, ils réunirent l'Église et se mirent à rapporter tout ce que Dieu avait fait avec eux, et comment il avait ouvert aux païens la porte de la foi » (*Ac* 14,27). Dieu prend toujours l'initiative et il ne veut pas que quiconque en soit exclu. Dieu frappe à la porte de nos cœurs : voici, je suis à la porte et je frappe, si quelqu'un entend ma voix et ouvre la porte, j'entrerai dans sa maison et je mangerai avec lui, et lui avec moi (*Ap* 3,20). La foi est une grâce, un cadeau de Dieu. « la foi grandit et se renforce seulement en croyant ; […] dans un abandon continu, entre les mains d'un amour qui s'expérimente toujours plus grand parce qu'il a son origine en Dieu » (*Porta fidei*, n. 7).

Franchir cette porte implique d'emprunter un chemin qui dure toute la vie, alors que nous avançons sollicités par de nombreuses portes qui s'ouvrent aujourd'hui pour nous. Beaucoup d'entre elles sont fausses, des portes qui invitent d'une manière très attrayante mais mensongère à prendre leur chemin, qui promettent un bonheur vide, narcissique et avec une date de péremption. Des portes qui nous mènent à des carrefours dans lesquels, quelle que soit l'option prise, nous rencontrerons, à plus ou moins long terme, angoisse et désorientation, des portes qui n'ont pour référence qu'elles-mêmes, qui s'épuisent en elles-mêmes sans garantie d'avenir.

Tandis que les portes de nos maisons sont fermées, les portes des shopping sont toujours ouvertes.

On passe la porte de la foi, on franchit ce seuil lorsque la Parole de Dieu est annoncée et que notre cœur se laisse modeler par la grâce qui transforme (cf. *Porta Fidei* n. 1). Une grâce qui porte un nom concret : ce nom c'est Jésus. Jésus est la porte (*Jn* 10,9). Lui et Lui seul est et sera toujours la porte. Nul ne va au Père si ce n'est pas Lui (*Jn* 14,6). S'il n'y a pas le Christ, il n'y a pas le chemin vers Dieu. Comme porte, il nous ouvre le chemin vers Dieu, et comme Bon Pasteur il est le seul qui s'occupe de nous au prix de sa propre vie.

Jésus est la porte et il frappe à notre porte pour que nous le laissions franchir le seuil de notre vie. N'ayez par peur, ouvrez toutes grandes les portes au Christ, nous disait le bienheureux Jean-Paul II au début de son pontificat. Ouvrir les portes du cœur comme l'ont fait les disciples d'Emmaüs, en lui demandant qu'il reste avec nous pour que nous puissions franchir les portes de la foi, et que lui-même le Seigneur, nous donne à comprendre les raisons pour lesquelles on croit, afin de pouvoir ensuite partir l'annoncer. La foi suppose que l'on se décide à rester avec le Seigneur pour vivre avec lui le partager avec les frères.

Rendons grâce à Dieu pour la chance qui nous est donnée d'apprécier notre vie d'enfants de Dieu, pour ce chemin de foi qui a commencé en notre vie avec les eaux du baptême, cette rosée inépuisable et féconde qui fait de nous des fils de Dieu et des membres frères dans l'Église. Le but, la destinée ou la fin, c'est la rencontre avec Dieu avec qui nous sommes déjà entrés en communion et qui veut nous rétablir, nous purifier, nous élever, nous sanctifier, et nous donner le bonheur auquel aspire notre cœur.

Nous voulons rendre grâces à Dieu parce qu'il a semé au cœur de notre Église diocésaine le désir de communiquer et de répandre à pleines mains ce don du baptême. Ceci est le fruit d'un long chemin. Il a commencé avec cette question : comme être Église, à Buenos Aires ? il est passé par la tenue d'une assemblée pour s'enraciner dans un état de mission qui est l'option pastorale permanente.

Commencer cette année de la foi est de nouveau un appel à approfondir en notre vie cette foi reçue. Professer la foi des lèvres implique de la vivre dans le cœur et d'en témoigner avec les œuvres, un témoignage et un engagement public. Le disciple du Christ, enfant de l'Église, ne peut jamais penser que croire est un fait privé. C'est un défi important et fort au jour le jour. Nous sommes certains que « Celui qui a commencé en vous cette œuvre excellente en poursuivra l'accomplissement jusqu'au Jour du Christ Jésus » (*Ph* 1,6).

Si nous considérons la situation actuelle en tant que disciples missionnaires, nous posons la question : quel est le défi que nous pose ce franchissement de la porte de la foi ?

Franchir la porte de la foi nous lance un défi : même s'il semble qu'aujourd'hui la mort règne en ses diverses formes et que l'histoire est menée par la loi du plus fort et du plus malin, même si encore la haine et l'ambition agissent comme moteur de tant de combats humains, sommes-nous encore capables d'être vraiment convaincus que cette triste réalité peut et doit changer, et ceci absolument car, « si Dieu est avec nous, qui sera contre nous ? » (*Rm* 8,31).

Franchir le seuil de la foi suppose qu'on n'a pas honte d'avoir un cœur d'enfant qui, parce qu'il croit en l'impossible, peut vivre dans l'espérance. La seule chose qui peut donner sens et transformer l'histoire : c'est demander sans cesse, prier sans défaillir et adorer pour que notre regard soit transfiguré.

Franchir le seuil de la foi nous porte à implorer pour chacun les sentiments même du Christ Jésus (*Ph* 2,5), expérimentant ainsi une nouvelle manière de penser, de communiquer entre nous, nous regarder, nous respecter, d'être en famille, de nous poser la question de l'avenir, de vivre l'amour et la vocation.

Franchir le seuil de la foi, c'est agir, faire confiance à la force de l'Esprit Saint présent dans l'Église, qui se manifeste aussi dans les signes des temps. C'est accompagner le mouvement continuel de la vie et de l'histoire, sans tomber dans le défaitisme paralysant, affirmant que tout, au temps passé, était meilleur. Il y a urgence à penser à neuf, à apporter du neuf, à créer du neuf, à pétrir la vie avec le levain nouveau de la justice et de la sainteté (*1 Co* 5,8).

Franchir le seuil de la foi implique d'avoir des yeux étonnés et un cœur que l'habitude ne rend pas paresseux, capable de reconnaître qu'à chaque fois qu'une femme met au monde un enfant, on continue de parier pour la vie et pour l'avenir, que lorsque nous veillons sur l'innocence des enfants, nous garantissons la vérité d'un lendemain et lorsque nous entourons la vie donnée d'un vieillard, nous faisons un acte de justice et nous caressons nos racines.

Franchir le seuil de la foi, c'est un travail vécu dans la dignité et la vocation du service, avec l'abnégation de celui qui recommence toujours sans lâcher prise à la vie, comme si tout ce qui a été fait n'était qu'un pas sur le chemin vers le royaume qui est plénitude de vie. C'est l'attente silencieuse après les semailles quotidiennes, c'est contempler le fruit recueilli en rendant grâce au Seigneur parce qu'il est bon et en demandant qu'il n'abandonne pas l'œuvre de ses mains (*Ps* 137).

Franchir le seuil de la foi exige de lutter pour la liberté et le “vivre ensemble” même si autour ça cloche, dans la certitude que le Seigneur nous demande de pratiquer le droit, d'aimer la bonté, de marcher humblement avec notre Dieu (*Mi* 6,8).

Franchir le seuil de la foi comprend une conversion permanente de nos attitudes, de notre manière et de notre style de vie : reformuler et non pas mettre des rustines ou du vernis, mettre la forme nouvelle qu'imprime Jésus Christ à tout ce qui est touché par sa main et son évangile de vie, avoir le courage de faire quelque chose de nouveau pour la société et pour l'Église. Car « celui qui est dans le Christ est une créature nouvelle » (*2 Co* 5,17-21).

Franchir le seuil de la foi nous pousse à pardonner et à savoir arracher un sourire. C'est nous approcher de quiconque vit à l'extérieur de lui-même et l'appeler par son nom. C'est soigner les fragilités des plus faibles, soutenir les genoux chancelants avec la certitude que ce que nous faisons pour le plus petit de nos frères, c'est pour Jésus lui-même que nous le faisons.

Franchir le seuil de la foi suppose de célébrer la vie, de nous laisser transformer car nous sommes devenus un avec Jésus à la table de l'Eucharistie célébrée en communauté, avec pour conséquence d'occuper ses mains et son cœur à travailler au grand projet du royaume : tout le reste nous sera donné par surcroît (*Mt* 6,33).

Franchir le seuil de la foi, c'est vivre dans l'esprit du Concile, une Église aux portes ouvertes, non seulement pour recevoir, mais surtout pour partir et remplir d'évangile la rue et la vie des hommes de notre temps.

Franchir le seuil de la foi pour notre Église diocésaine, cela suppose que nous nous sentions confirmés dans la mission d'être une Église qui vit, qui prie et qui travaille dans une dynamique missionnaire.

Franchir le seuil de la foi, c'est en définitive accepter la nouveauté de la vie du Ressuscité dans notre pauvre chair pour en faire un signe de la vie nouvelle.

En méditant toutes ces choses, fixons Marie, la Vierge Mère. Qu'elle nous accompagne dans ce franchissement du seuil de la foi et appelle sur notre Église de Buenos Aires l'Esprit Saint, comme à Nazareth, pour que comme elle nous adorions le Seigneur et partions annoncer les merveilles qu'il a faites en nous.

10.
Est-ce que je prie ?[1]

Chers frères et sœurs,

La méditation des lectures de ce dimanche[2] m'a poussé à vous écrire cette lettre. Je ne sais pas trop pourquoi, mais j'en ai éprouvé un impérieux besoin. À l'origine, ce fut une question : Est-ce que je prie ? qui s'est ensuite élargie : Est-ce que nous, les prêtres, les consacrés et consacrées de l'Archidiocèse, nous prions ? est-ce que nous prions assez, autant que nécessaire ? J'ai été obligé de me répondre sur moi-même. En vous posant aujourd'hui cette question, mon désir est que chacun de vous aussi, puisse répondre du fond du cœur.

La quantité et la nature des problèmes auxquels nous sommes chaque jour confrontés nous poussent à agir, trouver des solutions, imaginer des moyens, construire... Cela occupe une grande partie de nos journées. Nous sommes des travailleurs, ouvriers du Royaume et quand vient la nuit, nous sommes fatigués par un tel déploiement d'activité. Je crois que nous pouvons objectivement affirmer que nous ne sommes

---

1. *Lettre aux prêtres, consacrés et consacrées de l'Archidiocèse de Buenos Aires, 29 juillet 2007.*
2. Gn 18, 20-32 ; Col 2, 12-14 ; Lc 11, 1-13 (17ème dim. T.O.)

pas paresseux. On travaille beaucoup dans l'Archidiocèse. Les appels incessants, l'urgence des services à apporter nous usent, et c'est ainsi que notre vie s'écoule au service du Seigneur dans l'Église. Dans le même temps, nous ressentons aussi le poids, l'angoisse même, d'une civilisation païenne qui claironne ses principes et ses prétendues « valeurs » avec tant de culot et d'autosatisfaction qu'elle fait vaciller nos convictions, notre fidélité apostolique et même notre foi authentique et concrète dans le Seigneur vivant et agissant dans l'histoire des hommes, dans l'Église. Nous atteignons parfois en piteux état la tombée du jour et une sorte de pessimisme diffus s'insinue insensiblement en notre cœur, nous poursuit dans nos « derniers retranchements » et nous impose un esprit défaitiste qui nous conduit à nous replier sur nous-mêmes. Là, notre âme se recroqueville, et la lâcheté pointe.

Ainsi, entre le travail apostolique intense et usant, d'une part, et la culture agressivement païenne, d'autre part, notre cœur se serre en cette impuissance pratique qui nous conduit à une attitude de survie minimaliste pour tenter de garder la foi. Nous ne sommes cependant pas idiots et nous voyons bien qu'il manque quelque chose à cette façon de poser le problème, que l'horizon s'est rapproché au point de devenir clôture, que quelque chose nous fait manquer de zèle apostolique dans la proclamation du Royaume. Ne serait-ce pas que nous prétendons faire tout tous seuls et que nous nous sentons exagérément responsables des solutions à apporter ? Seuls, nous savons que nous ne pouvons rien. Nous pourrions nous interroger : quelle place faisons-nous au Seigneur ? lui réservons-nous un temps dans notre journée, pour qu'Il agisse ? Ou sommes-nous si occupés à faire des choses que nous oublions de le laisser entrer ?

J'imagine que le pauvre Abraham a eu très peur lorsque Dieu lui a dit qu'il allait détruire Sodome. Bien sûr, il a pensé à sa famille qui était de là-bas, mais il est allé plus loin : était-il vraiment impossible de sauver ces pauvres gens ? Et il se met à marchander. Malgré la sainte crainte que lui inspirait le fait de se tenir ainsi en présence de Dieu, cette responsabilité s'est imposée à lui. Il s'est senti responsable. Une simple demande ne lui suffit pas, il sent qu'il doit intercéder pour sauver la situation, il perçoit qu'il doit lutter avec Dieu, coûte que coûte, dans ce bras de fer qu'il entreprend avec lui. Ce n'est plus seulement sa famille qui l'intéresse, mais tout le peuple… et il se risque à réclamer. Il se jette dans cette bataille contre Dieu. Sa première tentative aurait pu le laisser en paix avec sa conscience, jouissant de la promesse d'un fils qu'on venait de lui apporter (*Gn* 18,9), mais il persiste et insiste. Peut-être, inconsciemment, considérait-il déjà ce peuple pécheur comme son propre fils ; toujours est-il qu'il décide de risquer sa vie pour lui. Il prend courageusement sa défense, au risque d'irriter le Seigneur. C'est le courage de la véritable intercession.

À plusieurs reprises déjà, j'ai évoqué la parrhésie[3], le courage et l'ardeur de notre action apostolique. Nous

3. [NdT] La parrhésie est une figure stylistique et lyrique consistant à répéter des arguments ou idées, en des termes proches, afin d'exprimer une même thèse ou les sentiments profonds du locuteur.6. Homélie à l'occasion du 43e anniversaire de la Communauté de Sant'Egidio, Buenos Aires, Cathédrale métropolitaine, 24 septembre 2011.

devons adopter la même attitude dans notre prière : prier avec obstination ; ne pas nous satisfaire d'avoir perdu une première fois. L'intercession chrétienne assume notre obstination jusqu'à l'extrême. C'est bien ainsi que priait David pour son fils mourant (*2 Sm* 12,15-18), ainsi que Moïse intercéda pour le peuple rebelle (*Ex* 32,11-14 ; *Nb* 4,10-19 ; *Dt* 9,18-20), sans s'arrêter à son confort, à ses intérêts personnels ou à la possibilité de devenir le chef d'une grande nation (*Ex* 32,10). Il n'a pas changé de « parti », il n'a pas marchandé son peuple, mais il s'est battu jusqu'au bout.

Dans notre lutte pour ce peuple dont nous sommes issus et que nous sommes appelés à servir, la conscience que nous avons d'avoir été choisis par le Seigneur pour la consécration ou pour le ministère doit nous garder de toute indifférence, de toute convenance ou intérêt personnel. Nous devons, comme Abraham, marchander avec Dieu, avec un vrai courage, le salut de ce peuple... et cela épuise, comme s'épuisaient les bras de Moïse lorsqu'il priait en pleine bataille (cf. *Ex* 17,11-13). L'intercession n'est pas pour les faibles. Nous ne prions pas par « devoir » ni pour être en règle avec notre conscience ou pour jouir d'une harmonie intérieure purement esthétique. Quand nous prions, nous luttons pour notre peuple. Est-ce ainsi que je prie ? ou bien est-ce que je me lasse, que je m'ennuie et que j'évite de me mettre dans cette galère pour continuer mes affaires bien tranquilles ? Mon intercession a-t-elle le courage d'Abraham, ou est-ce que j'aboutis à la même mesquinerie que Jonas, me lamentant pour la moindre fuite dans la toiture, et non pour ces hommes et ces femmes, victimes d'une culture païenne et « qui ne distinguent pas leur droite de leur gauche » (*Jo* 4,11).

Dans l'Évangile, Jésus parle sans détour : « Demandez et l'on vous donnera, cherchez et vous trouverez, frappez et l'on vous ouvrira. » Et pour bien se faire comprendre, il nous cite l'exemple de cet homme pendu à la sonnette de son voisin en pleine nuit pour obtenir trois pains, sans se soucier de passer pour mal élevé : la seule idée qu'il a en tête, c'est de se procurer un repas pour son hôte. Et pour ce qui est des importuns, voyez cette cananéenne (*Mt* 15,21-28) qui prend le risque d'être jetée dehors par les disciples (v. 23) et de se faire traiter de « chien » (v. 27), pourvu d'obtenir ce qu'elle veut : la guérison de sa fille. Voilà une femme qui savait se battre courageusement dans la prière.

À cette obstination et à cette insistance dans la prière, le Seigneur promet l'assurance du succès : « Car celui qui demande reçoit ; qui cherche trouve ; et à qui frappe on ouvrira. « Il nous dit la raison de ce succès, c'est que Dieu est Père. « Quel est d'entre vous le père auquel son fils demandera un poisson, et qui, à la place du poisson, lui remettra un serpent ? Ou encore s'il demande un œuf, lui remettra-t-il un scorpion ? Si donc vous, qui êtes mauvais, vous savez donner de bonnes choses à vos enfants, combien plus le Père du ciel donnera-t-il l'Esprit Saint à ceux qui l'en prient ! » L'engagement du Seigneur à être confiants et constants dans notre prière va bien plus loin que ce que nous imaginons : au-delà de ce que nous lui demandons, il nous donnera l'Esprit Saint. Quand Jésus nous exhorte à prier avec insistance, il nous projette au sein même de la Trinité et, par sa sainte humanité, il nous guide vers le Père et nous promet l'Esprit Saint.

Revenons à la figure d'Abraham et à la cité qu'il voulait sauver. Nous sommes tous conscients du caractère païen de la culture dans laquelle nous baignons, une cosmovision qui ébranle nos certitudes et notre foi. Nous sommes quotidiennement témoins des efforts des puissances de ce monde pour déterrer le Dieu Vivant et le remplacer par les idoles à la mode. Nous voyons bien comment la vie que le Père nous offre en abondance dans la création, et Jésus-Christ dans la rédemption (cf. *Col* 2,12-14), est remplacée par la très justement nommée « culture de mort ». Nous constatons aussi comment la désinformation, la diffamation et la calomnie déforment et manipulent l'image de l'Église, et comment les médias se délectent des péchés et des erreurs de ses enfants pour prouver que l'Église n'a rien de bon à offrir. La sainteté n'est pas une nouvelle pour les médias, tandis que le scandale et le péché, si. Qui peut lutter à armes égales contre cela? L'un de nous peut-il prétendre parvenir à quoi que ce soit par des moyens purement humains, avec l'armure de Saül? (cf. *1 S* 17,38-39).

Attention : nous ne luttons pas contre des pouvoirs humains, mais contre la puissance des ténèbres (cf. *Ep* 6,12). Comme il l'a fait avec Jésus (cf. *Mt* 4,1-11), Satan cherchera à nous séduire, à nous égarer, à nous offrir des « alternatives viables ». Nous ne pouvons pas nous payer le luxe d'être crédules ou suffisants. Il est vrai que nous devons dialoguer avec tout le monde, mais on ne dialogue pas avec la tentation. Face à elle, nous n'avons plus qu'à trouver refuge dans la force de la Parole de Dieu, comme le Seigneur au désert, et à faire appel à la pauvreté de la prière : la prière de l'enfant, du pauvre et du simple ; de celui qui, se sachant fils, appelle son Père à l'aide ; la prière de l'humble, du pauvre sans ressources. Les humbles n'ont rien à perdre ; au contraire, c'est à eux que le chemin est révélé (cf. *Mt* 1,25-26). Nous ferions bien de nous dire que l'heure n'est pas au triomphe et à la récolte, que l'ennemi a semé dans notre champ l'ivraie avec le bon grain du Seigneur et que tous deux croissent ensemble. Il est temps, non de nous y habituer, mais de nous pencher et ramasser les cinq pierres pour la fronde de David (cf. *1 S* 17,40). Il est temps de prier.

Certains peuvent trouver que cet évêque est devenu apocalyptique, ou qu'il est victime d'une crise de manichéisme. Je pourrais accepter l'*Apocalypse* car c'est le livre de la vie quotidienne de l'Église et chacune de nos actions exprime concrètement l'eschatologie. Pour ce qui est du manichéisme, je ne pense pas, car je suis convaincu que nous n'avons pas à séparer le bon grain de l'ivraie (ce sera le travail des anges, au jour de la moisson), mais à apprendre à les distinguer pour ne pas nous tromper et pour pouvoir protéger le blé. Je pense à Marie : comment vivait-elle les contradictions quotidiennes et comment priait-elle à leur sujet ? Qu'y avait-il en son cœur lorsque, à son retour d'Ain Karim, les signes de sa maternité commençaient à se voir ? que dirait Joseph ? Ou encore : que disait-elle à Dieu en descendant de Nazareth à Bethléem ou pendant la fuite en Égypte, ou lorsque Anne et Siméon célébrèrent spontanément cette liturgie de louange, ou bien ce jour où son fils resta dans le Temple, ou au pied de la Croix? Face à ces contradictions et à bien d'autres encore, elle priait et son cœur se donnait de la peine en présence du Père, lui demandant d'apprendre à lire et à comprendre les signes des temps et à pouvoir protéger le blé. Jean-Paul II parlant de cette attitude, dit qu'en Marie avait surgi « une certaine peine du cœur » (*Redemptoris Mater*, n. 17). Cette fatigue de la prière n'a rien à voir avec la fatigue et l'ennui dont je parlais plus haut.

C'est pourquoi nous pouvons dire que la prière, même si elle nous procure paix et confiance, nous fatigue aussi le cœur. Il s'agit de la fatigue de celui qui ne se ment pas à lui-même, qui assume avec maturité sa responsabilité pastorale, qui sait qu'il est une exception dans « cette génération perverse et adultère », qui accepte de se battre jour après jours avec Dieu pour qu'il sauve son peuple. On peut s'interroger ici : mon cœur se fatigue-t-il à intercéder et, en même temps, pendant une telle lutte, est-ce que je ressens la sereine paix de l'âme de celui qui vit en intimité avec Dieu? Fatigue et pain vont de pair dans un cœur qui prie. Ai-je fait l'expérience de ce que signifie prendre au sérieux et assumer tant de situations du labeur pastoral et – en faisant tout ce qu'il est humainement possible pour aider – est-ce que je prie pour elles? Ai-je pu savourer la simple expérience de décharger mes soucis dans le Seigneur (cf. *Ps* 54,23) ? Il serait si bon d'arriver à comprendre et à suivre le conseil de saint Paul : « Ne soyez inquiets de rien, mais, en toute circonstance, dans l'action de grâce priez et suppliez pour faire connaître à Dieu vos demandes. Et la paix de Dieu, qui dépasse tout ce qu'on peut imaginer, gardera votre cœur et votre intelligence dans le Christ Jésus » (*Ph* 4,6-7).

Voilà à peu près ce à quoi j'ai pensé en méditant les trois lectures de ce dimanche, et je crois devoir aussi vous le partager, vous avec qui je travaille au service du saint peuple de Dieu. Je demande au Seigneur qu'il nous rende plus priants, comme Il l'était lorsqu'Il vivait parmi nous ; qu'il fasse de nous de mendiants insistants auprès du Père. Je demande à l'Esprit Saint qu'il nous fasse entrer dans le Mystère du Dieu Vivant et qu'il prie en nos cœurs. Nous connaissons déjà le triomphe. Bien assurés de cela, appuyés sur cette victoire, je vous demande de continuer à avancer (cf. *He* 10,39) dans notre travail apostolique, entrant toujours plus profondément en cette familiarité avec Dieu que nous vivons dans la prière.

Je vous demande de faire grandir notre assurance dans nos actes et dans notre prière. Soyons des hommes et des femmes adultes dans le Christ, et des enfants par notre abandon. Des hommes et des femmes travailleurs acharnés et, en même temps, avec un cœur abîmé dans la prière. C'est ce qu'attend de nous Jésus, qui nous a appelés. Qu'Il nous accorde la grâce de comprendre que notre tâche apostolique, nos difficultés, nos luttes ne sont pas choses simplement humaines trouvant leur début et leur accomplissement en nous-mêmes. Il ne s'agit pas de notre propre combat mais du « combat de Dieu » (*2 C* 20,15), et c'est ce qui nous pousse à consacrer chaque jour plus de temps à la prière. Et de grâce, ne manquez pas de prier pour moi car j'en ai besoin.

Que Jésus vous bénisse et que la Sainte Vierge vous garde.Affectueusement et fraternellement,

11
Des chrétiens amidonnés[1]

Dans la parabole des deux fils[2], Jésus parle aux docteurs de la loi, aux pharisiens bien en vue qui, comme on dit chez nous « se la jouaient », croyaient qu'ils étaient bons, parfaits, et qui jugeaient les autres. Il parle à ces gens-là qui croient qu'à part eux tous sont imparfaits, tous sont pécheurs.

Cette parabole me rappelle celle du pharisien et du publicain[3], l'autre récit de Jésus, racontant que dans le temple une de ces personnes s'était avancée tout devant, jusqu'au pied de l'autel, se tenant debout et priant : « Mon Dieu, je te rends grâce parce que je ne suis pas comme les autres hommes, je remplis toutes mes obligations, je suis parfait » ; tandis que là-bas au fond, un pécheur, un publicain, se prosternait au sol. Les publicains étaient conspués, car ils trahissaient leur peuple en percevant l'impôt pour l'Empire romain, et celui-ci ne faisait que dire : « Mon Dieu, prends pitié du pécheur que je suis ! » Et Jésus conclut : « Quand ce dernier

---

1. *Homélie à l'occasion du 43e anniversaire de la Communauté de Sant'Egidio, Buenos Aires, Cathédrale métropolitaine, 24 septembre 2011.*
2. Cf. *Mt* 21,28-31.
3. Cf. *Lc* 18,9-14.

rentra chez lui, c'est lui, je vous le déclare, qui était devenu juste, et non pas l'autre. »

Ici, c'est pareil. Ce père qui représente Dieu a deux fils. L'un est très comme il faut, très bon, il dit toujours oui à tout mais ensuite n'en fait qu'à sa tête. L'autre a plus de caractère et exprime sa colère, mais son cœur est assez ouvert pour que la miséricorde de Dieu y pénètre et qu'il se repente. Ce dernier lui dit « je ne veux pas », il était en colère ce jour-là, mais ensuite il pense qu'il doit obéir à son père, il pense à son devoir et accomplit la volonté de son père. L'autre fils répond : « Oui Père, j'y vais », mais il n'en fait rien. Il n'obéit pas à son père, mais sauve les apparences : ce sont les chrétiens « amidonnés », ces chrétiens aux bonnes manières mais mauvaises habitudes.

– Je suis très catholique, Père, je fais partie de telle et telle association.

– Dis-moi, as-tu des employés de maison chez toi ?

– Oui, Père.

– Et comment les paies-tu : officiellement ou au noir ?

– Eh bien, Père, si on commence à se poser ces questions, évidemment…

C'était juste une question. Et si l'on va plus loin, on comprend qu'ils mènent une terrible double vie. Les chrétiens comme ce fils, les chrétiens pharisiens sont ceux qui font le plus de tort au peuple de Dieu. C'est pourquoi Jésus dit au peuple : « Faites ce qu'ils disent car ils enseignent de bonnes choses, mais ne les imitez pas, ne faites pas ce qu'ils font » (cf. *Mt* 23,3) car ils mènent une double vie. Et Jésus les qualifie en deux mots qui frappent juste. Le premier, répété plusieurs fois :

Hypocrites. « Mais Père, je communie tous les jours, je fais beaucoup de choses »; Jésus répond: « hypocrite » car tu te donnes un air, mais tu vis autrement. Et le second: « sépulcre blanchi », comme ces belles tombes, magnifiques extérieurement mais dont nous savons bien ce qu'elles renferment: de la pourriture. Chrétiens de façade. Or, ici, ce que veut Jésus c'est que nous ne prenions pas le chemin de la suffisance. Sachons que pour être de bons chrétiens, il est essentiel de se reconnaître pécheur. Si l'un de nous ne se reconnaît pas pécheur, il ne peut être un bon chrétien; c'est la première condition; mais il faut reconnaître son péché concret: « J'ai péché pour cela, pour cela et pour cela... » C'est la première condition pour suivre Jésus. c'est pourquoi il termine par ces mots si forts: « Amen, je vous le déclare: les publicains (les traîtres à la patrie) et les prostituées vous précèdent dans le royaume de Dieu. » Jésus remet les choses à leur place. Et il dit: le Père du Ciel n'est pas un père qui pactise avec les légalistes; c'est un Père de miséricorde.

Dans la liturgie de la messe, nous disons à Dieu quelque chose qui peut passer inaperçu: « Dieu dont le pouvoir se montre plus dans la miséricorde et le pardon. » Ce pouvoir de Dieu, si grand qu'il dépasse celui dont il usa pour créer le monde, c'est son pouvoir de pardonner, mais il faut que nous lui fassions place, que nous lui ouvrions notre cœur, pour qu'il puisse y entrer avec sa miséricorde.

C'est pourquoi, aujourd'hui où nous célébrons un nouvel anniversaire de la Communauté de Sant'Egidio qui s'attache constamment à ouvrir des chemins à ceux qui s'en sentent indignes, parce qu'ils croient qu'il n'y a pas lieu pour eux et qu'ils sont les préférés, demandons au Seigneur la grâce d'ouvrir leur cœur.

« Père, comment savoir si je suis un chrétien amidonné ou si je suis un fils qui veut suivre Jésus ? » Une des caractéristiques, rien qu'une, des chrétiens amidonnés, des hypocrites, des sépulcres blanchis est qu'ils critiquent constamment leur prochain, ils disent toujours du mal des autres, d'un membre de leur famille, d'un voisin ou d'un collègue de travail. Ils reproduisent ce que faisait ce pharisien planté au premier rang : « Je te rends grâce parce que je ne suis pas comme celui-ci ou celle-là ni comme cette autre. » Un peu comme dans ce tango : « Quelle honte, voisine, de s'habiller de blanc après avoir péché », où l'on éreinte bien son prochain. C'est la première caractéristique du chrétien amidonné, de l'hypocrite, du pharisien : il faut toujours qu'il dise du mal de son prochain.

Demandons aujourd'hui à Jésus la grâce d'ouvrir notre cœur pour que sa miséricorde y pénètre, disons au Seigneur : oui, Seigneur, je suis pécheur, j'ai péché en ceci, ceci et cela. Venez, venez et défendez-moi devant le Père. Ainsi soit-il.

12.
La logique de l'amour[1]

« Si ton frère a commis un péché contre toi, va lui parler seul à seul… » (Mt 18, 15-20).

Ces paroles de l'Évangile sont des paroles d'amour, mais pas des paroles rhétoriques. Le Seigneur l'avait déjà indiqué avec la parabole du jugement dernier : nous serons jugés sur l'amour.

Ce texte de saint Matthieu attire notre attention, parce qu'il indique combien l'amour est prenant, et combien il est difficile d'instaurer l'amour : « Si ton frère pèche contre toi, c'est-à-dire, s'il fait quelque chose contre toi, s'il te blesse, corrige-le en privé. S'il t'écoute, tu l'auras convaincu, s'il ne t'écoute pas cherche une ou deux personnes, afin que le problème soit résolu en présence de deux ou trois témoins, grâce à l'aide de ces frères. Tourne-toi vers la communauté, s'il ne t'écoute pas encore, considère-le comme un païen, et éloigne-toi ».

Il suffit d'allumer la radio ou la télévision pour comprendre comment, dans notre société, on

1. *Homélie prononcée à l'occasion du 40e anniversaire de la Communauté Sant'Egidio à Buenos Aires le 6 septembre 2008.*

condamne, on insulte les autres avant de les écouter, comme si « celui qui frappe en premier, frappait deux fois ».

Mais ce n'est pas la logique de l'amour. Il faut un travail minutieux. Instaurer l'amour est un travail patient d'artisans, de personnes qui donnent tout ce qu'elles ont, afin de persuader, d'écouter, d'approcher. Et ce travail artisanal est fait par des êtres pacifiques. Il s'agit de la mission du médiateur.

Parfois nous confondons le sens de « médiateur » avec celui d'« intermédiaire », mais ce n'est pas la même chose. Le médiateur est celui qui, pour unifier les parties, paie avec son argent, il se prive lui-même. L'intermédiaire œuvre pour gagner de l'argent.

L'amour nous met dans le rôle de médiateur, et non celui d'intermédiaire. Le médiateur perd toujours, parce que la logique de l'amour veut que nous perdions pour que l'unité gagne, pour que l'amour gagne. Plus encore, la loi du chrétien est celle du médiateur.

Pour un chrétien, avancer ne veut pas dire faire carrière, avoir bonne réputation, être considéré. Pour un chrétien, avancer veut dire « s'abaisser » dans le rôle de médiateur. Comme l'a été la condition d'abaissement et d'humiliation vécue par Jésus.

À partir de ce moment, tout change. Dans ce passage de l'Évangile, dans ce travail minutieux pour instaurer l'amour, je reconnais le travail et la vocation de la communauté de Sant'Egidio : ses membres sont patients, à l'écoute.

On pourrait leur attribuer la phrase du cardinal Casaroli, grande figure de l'Église : « Ils vont vers le chemin du début, vers le martyre de la patience. » Ils sont martyrs de la patience.

Et pendant quarante ans, cette patience a porté ses fruits vers la paix, vers le rapprochement, vers des nouvelles issues aux guerres cruelles, qui sont quasiment des génocides tribaux.

Fidèles, écoutons la Parole de Dieu, prions, nourrissons-nous de l'Évangile, afin de devenir ces artisans de charité, d'amour, de rapprochement, pour avancer, « s'abaisser » dans ce martyre de patience.

Une anecdote de la vie du cardinal Casaroli m'a surpris : chaque samedi après-midi le cardinal disparaissait, « il se repose », disait-on. Un jeune prêtre allait dans une maison de correction pour mineurs. C'était un aumônier très bon qui venait en bus avec sa petite valise. Il confessait les jeunes et jouait avec eux. Ils l'appelaient Don Agostino, mais personne ne savait qui il était. C'était le cardinal Casaroli.

Quand Jean XXIII le reçoit après sa visite dans les pays de l'Est, en mission diplomatique pendant la Guerre froide, il lui dit :

– Dites-moi, allez-vous toujours visiter les jeunes ?

– Oui, Sainteté.

– Je vous en prie, ne les abandonnez jamais.

La grande diplomatie qui a aidé l'Église se nourrit de charité, de pénitence.

Une des caractéristiques de cette communauté est sa proximité avec les pauvres, les exclus, les abandonnés. A l'image de Jésus, la démarche de cette communauté tire sa force de l'abaissement et de son travail artisanal d'instauration de la paix et de l'amour.

13.
« Je rends nouvelle toute chose[1] »

L'Esprit est toujours nouveau, il vient toujours pour rénover. Nous avons entendu en Isaïe 43, 18-25 la prophétie : « Je rends nouvelle toute chose. » Ainsi fait Dieu, ainsi fait l'Esprit. C'est pourquoi nous demandons que Dieu nous aide à être attentifs à la voix de l'Esprit, à la nouveauté : « Jésus nous donnera la force. Non pas vous, mais Lui en vous. »

Dans la prière, au début de la messe, nous avons lancé un appel à Dieu le Père : « Que ton aide, Père miséricordieux, nous rende toujours attentifs à la voix de l'Esprit. » Nous avons besoin de cette aide de Dieu pour comprendre la voix de l'Esprit, la nouveauté de l'Esprit. L'Esprit est toujours nouveau, il vient toujours pour rénover. C'est ce que nous avons entendu dans la première lecture, la prophétie : « Je rends nouvelle toute chose. » Ainsi fait Dieu, ainsi fait l'Esprit. C'est pourquoi nous demandons que Dieu nous aide à être attentifs à la voix de l'Esprit, à la nouveauté.

---

1. *Homélie pour la messe durant laquelle le cardinal Jorge Mario Bergoglio a administré le sacrement de Confirmation, Rome, basilique Saint-Laurent-hors-les-Murs, 18 février 2012.*

Rendre tout nouveau. L'Évangile (Marc 2, 1-12) nous raconte l'histoire du paralytique qui a été rénové par la force de l'Esprit et de Jésus. L'Esprit était en Jésus. Jésus est celui qui nous envoie l'Esprit pour tout rénover. Jésus est le seul qui soit capable de tout recommencer, de recommencer la vie. Pensons à la vie de ce paralytique, la vie physique, mais aussi la vie intérieure – car le Seigneur guérit d'abord son âme : « Tes péchés sont pardonnés. » Jésus a le pouvoir, avec la force de son Esprit, de rénover le cœur. Nous devons avoir confiance en cela. Si nous n'avons pas confiance dans la force de Jésus Christ comme l'unique salut et en Jésus Christ comme le seul qui peut rendre nouvelle toute chose, nous sommes de faux chrétiens. Nous ne sommes pas de véritables chrétiens.

Jésus ne t'oblige pas à être chrétien. Mais si tu dis que tu es chrétien, tu dois croire que Jésus a toute la force. Il est le seul qui a la force de rénover le monde, de rénover ta vie, de rénover ta famille, de rénover la communauté, de rénover tous les hommes. C'est là le message que nous devons aujourd'hui emporter avec nous, en demandant au Père qu'il nous rende attentifs à la voix de l'Esprit qui fait cette œuvre : l'Esprit de Jésus.

Aujourd'hui, je vous demande de prier pour un ami. Puisqu'il me l'a demandé, nous devons tous prier pour lui, parce qu'il est malade… Prierons-nous tous pour lui ? Oui ou non ? Je n'entends rien… Si la prière est comme cela, on est perdus… Prierons-nous pour lui ? Oui !

Vous êtes invités aujourd'hui à faire cette confirmation, vous qui venez ici recevoir la force de l'Esprit de Dieu : croyez dans la force de l'Esprit ! C'est l'Esprit de Jésus. Croyez en Jésus qui vous envoie cet Esprit – à vous et à nous tous : il nous envoie l'Esprit pour tout rénover. Vous n'êtes pas de faux chrétiens, des chrétiens seulement en parole. Vous êtes chrétiens avec la parole, avec le cœur, avec les mains. Vous sentez comme des chrétiens, parlez comme des chrétiens et agissez comme des chrétiens. Mais vous ne pourriez pas le faire seuls. C'est Jésus qui vous donnera cet Esprit, qui vous donnera la force de tout rénover : non pas vous, mais Lui en vous.

Et sur cette pensée de Jésus qui est le seul salut, le seul qui nous apporte la grâce, qui nous donne la paix, la fraternité, qui nous donne le salut, poursuivons la célébration de cette messe avec la récitation du Credo, la profession de notre foi.

14.
L'oreille de Dieu[1]

La lecture du Livre de l'Exode nous dit quelque chose de très simple, à la fois très beau et très réconfortant : Dieu nous écoute. Dieu, notre Père, écoute la clameur de son peuple. Notre Père du Ciel écoute la rumeur de nos pas, l'oraison que nous murmurons dans notre cœur à mesure que nous nous approchons du Saint.

Notre Père est à l'écoute des sentiments que nous éprouvons, en pensant aux êtres qui nous sont chers, en voyant la foi des autres et leurs besoins, en nous remémorant les événements agréables ou tristes que nous avons vécus cette année.

Dieu nous écoute. Il n'est pas comme les idoles qui ont des oreilles mais qui n'écoutent pas. Il n'est pas comme les puissants de ce monde qui n'écoutent que ce qui les arrange. Lui, il écoute tout, aussi bien les gémissements que les cris de colère de ses fils. Et non seulement il écoute, mais en plus il aime écouter. Il aime être attentif, bien entendre, entendre tout ce qui nous arrive.

---

1. *Homélie prononcée lors de la fête de saint Gaétan, Buenos Aires, 7 août 2011.*

C'est pour cela que Jésus nous dit : « Votre Père sait de quoi vous avez besoin ». Et ce n'est pas la peine de lui faire de grandes phrases. Il suffit de réciter le Notre Père. Parce que Lui, Il connaît jusqu'à nos pensées les plus intimes. L'Évangile nous dit que « pas un seul oiseau ne tombe à terre sans la permission du Père » et l'on pourrait même ajouter : sans que le Père ne l'écoute tomber…

Aujourd'hui, nous venons demander deux grâces : la grâce de nous sentir « écoutés » et la grâce « d'être disposés à écouter ». Avec Jésus et saint Gaétan, nous voulons apprendre à écouter et à aider nos frères. C'est la devise que nous allons porter dans notre cœur.

Nous écoutons aujourd'hui attentivement comment le Seigneur notre Dieu nous parle dans l'Écriture sainte.

Il dit : « Je suis le Dieu de vos Pères… et j'ai vu la misère de mon peuple qui est en Égypte, et j'ai entendu ses cris sous les coups des chefs de corvée. Oui, je connais ses souffrances » (Ex 3,6-7).

Notre Père écoute tous nos cris de souffrance, mais il écoute particulièrement ceux qui sont provoqués par l'injustice : provoqués, dit-il, par les « chefs de corvée » des Pharaons de ce monde.

Il y a souffrance et souffrance. Celle du salaire non versé, celle du chômage. Ce sont des souffrances que l'on crie vers le ciel. L'apôtre Saint Jacques nous disait déjà : « Des travailleurs ont moissonné vos terres et vous ne les avez pas payés ; leurs salaires crient vengeance et les revendications des moissonneurs sont arrivées aux oreilles du Seigneur de l'univers » (Jc 5,4). Les souffrances causées par l'injustice crient vers le ciel parce que ce sont des souffrances que l'on peut éviter, tout simplement en étant justes, en privilégiant les plus démunis, en créant du travail, en étant honnête, en disant la vérité, en faisant payer le juste prix, en ne s'octroyant pas d'avantages.

L'évangile du Jugement Dernier aussi nous parle d'écoute. Jésus sépare les brebis des chèvres et dit aux petites brebis : « Venez, les bénis de mon Père, recevez en héritage le royaume préparé pour vous depuis la création du monde. Car j'avais faim, et vous m'avez donné à manger… ». Les justes lui répondent : « Seigneur, quand est-ce que nous t'avons vu… ? Tu avais donc faim et nous t'avons nourri ? Et le Roi leur répondra : « Chaque fois que vous l'avez fait à l'un de ces petits qui sont mes frères, c'est à moi que vous l'avez fait. »

Le texte du Jugement Dernier nous révèle la manière dont Jésus nous dit que Dieu est attentif à toute l'histoire de l'humanité. Qu'il a écouté chaque fois qu'un pauvre demandait quelque chose, il a écouté même les gens très humbles qui demandent d'une voix si basse qu'on les entend à peine. Il a écouté chaque fois qu'un de ses enfants demandait quelque chose. Il est toujours à l'écoute !

Et ce qu'Il va juger en nous, les hommes, c'est si nous avons été aussi attentifs que Lui, si nous Lui avons demandé la possibilité d'écouter avec son oreille, pour bien savoir ce qu'il advient à nos frères, pour pouvoir les aider. Ou si, au contraire, nous avons fait les sourds, nous avons mis les oreillettes afin de n'écouter personne. Lui, écoute et quand Il trouve quelqu'un qui a une oreille attentive comme la sienne et qui répond bien, cette personne-là, Il la bénit et lui promet le Royaume des Cieux.

Cette grâce de l'écoute est une très grande grâce. Et aujourd'hui nous la demandons à saint Gaétan pour notre peuple, pour nous tous : que nous sachions écouter ! Écouter ce qui arrive à notre prochain, ce dont il a besoin. Le laisser parler et que lui-même nous explique ce qu'il souhaite. Il ne suffit pas de voir. Quelquefois, les apparences sont trompeuses. Savoir écouter est une très grande grâce. Souvenons-nous que notre Père du Ciel nous recommande vivement ceci : que nous écoutions son fils Jésus ! C'est le souhait du Père : écoutez mon fils ! Et Jésus nous dit que quand nous écoutons nos frères les plus petits, c'est Lui que nous écoutons.

Comment est-il possible que des gens puissent dire que Dieu ne nous parle pas, que l'on ne comprend pas bien ce qu'Il veut nous dire ? Eh bien, il me semble que ceux-là n'écoutent pas les pauvres, les petits, ceux qui sont dans le besoin… Ce sont ceux qui n'écoutent que les voix rabâcheuses de la propagande et des statistiques et qui n'ont pas d'oreilles pour écouter ce que disent les gens sensés.

Écouter n'est pas entendre, tout simplement. Écouter c'est être attentif, vouloir comprendre, apprécier, respecter. Il faut y mettre les moyens pour bien écouter, pour que tous puissent parler, pour prendre en compte ce que chacun veut dire…

La neuvaine à saint Gaétan est un exemple d'écoute. Durant toute l'année, on interroge les gens. Que veulent-ils demander cette année, de quoi ont-ils besoin ? Et on note et on discerne parmi toutes les demandes. C'est ainsi qu'est apparu le thème de cette neuvaine.

Parce que saint Gaétan apparaît comme s'il avait été l'oreille de notre Père pour une requête particulière de son peuple : celle du pain et du travail. Les saints sont comme les oreilles de Dieu, une pour chacun des besoins de son peuple.

Et nous aussi, nous pouvons être des saints en ce sens, être l'oreille de Dieu dans notre famille, dans notre quartier, là où nous vivons et travaillons. Être quelqu'un qui est à l'écoute des besoins des autres, mais pas seulement pour nous affliger, ou pour colporter, mais pour rassembler toutes ces demandes et les présenter au Seigneur.

Nombreux parmi vous sont ceux qui ont déposé des demandes de leurs proches aux pieds du Saint ! En plus de votre propre demande, vous êtes arrivés avec une demande de la part de quelqu'un qui n'a pu venir. Bien, c'est cette écoute que saint Gaétan nous enseigne et que nous apprenons : être prêts à écouter comme écoute un saint, comme écoute notre Père du ciel. Écouter pour pouvoir aider : intercéder et tendre la main.

Que la Vierge Marie, notre mère du ciel, qui a été choisie par Dieu et par son peuple pour écouter et intercéder, reçoive nos prières et que nous, nous recevions la grâce de savoir écouter !

Amen.

15.
La joie de la rencontre[1]

L'évangile de Luc (19,1-10) nous dit que Zachée descendit immédiatement de l'arbre dans lequel il était monté et reçut Jésus dans sa maison avec beaucoup de joie.

Une joie qui commença à la sortie la rue, qui s'accrut en descendant de l'arbre, qui l'accompagna tout le temps où il prépara sa maison, qui explosa lorsque Jésus y entra, et qui se consolida lorsque Zachée manifesta publiquement sa décision de changer de vie.

Tout commença quand Zachée entendit que Jésus était entré dans sa ville, Jéricho ; et la pensée qu'« il serait bien de sortir pour le regarder passer » lui procura de la joie. Une joie, petite mais forte, qui le poussa à fermer sa boutique et sortir dans la rue.

C'est ce qui nous est arrivé aussi lorsque nous avons pensé qu'il serait bien de venir à Saint Gaétan. Nous avons écouté cette joie et nous sommes ici : dans la rue, formant une file, priant avec tous les fidèles.

---

15. *Homélie prononcée lors de la fête de saint Gaétan, Buenos Aires, 7 juillet 2011.*

La joie de Zachée s'accrut lorsque Jésus s'arrêta juste sous l'arbre dans lequel il avait grimpé, qu'il le regarda dans les yeux et l'appela par son nom : « Zachée, descends vite parce que je dois loger dans ta maison. »

Jésus passait dans les rues de Jéricho et une multitude de gens le suivait et se plaçait en hauteur pour le voir. Zachée, qui était petit, avait grimpé sur un sycomore. Il voulait voir Jésus. Mais quand Jésus le regarda et lui parla, Zachée arrêta d'être spectateur et devint acteur, le protagoniste de sa propre vie. C'est là que sa joie s'accrut parce que nous ne sommes pas faits pour être des consommateurs de spectacles qui nous sont étrangers, mais pour être, chacun d'entre nous, les protagonistes de notre propre vie.

Ceci arriva au milieu de la rue. C'est pour cela que l'histoire de Zachée ressemble à ce qui nous arrive lorsque nous venons à Saint Gaétan, parce que la rencontre avec Jésus commence dans la rue, alors que l'on fait la queue au milieu de la foule qui pense à Jésus.

À un moment donné nous sentons que Jésus nous regarde. Il nous fait toujours ressentir qu'il sait que nous sommes là et il nous promet une rencontre plus profonde, dans laquelle nous sommes les protagonistes d'une amitié avec lui. Dans l'amitié nous sommes toujours des protagonistes. La joie accompagna Zachée alors qu'il préparait sa maison et submergea son cœur lorsque Jésus entra, et il le salua et le fit asseoir à sa table. Nous pouvons imaginer l'émotion et le sourire de Zachée en voyant Jésus entrer.

Cette joie qui nous accompagne est celle que nous ressentons alors que nous faisons la queue, et qui s'accroît à mesure que nous approchons de l'autel. C'est une joie qui nous remplit d'émotion lorsque nous nous tenons face au Saint Patron et que nous posons notre main sur le verre qui recouvre son image, lorsque nous le regardons dans les yeux et que nous lui exprimons toute notre dévotion, lorsque nous regardons l'Enfant Jésus et que nous lui parlons des choses qui sortent du plus profond de notre cœur.

Lorsque Zachée, voyant le Maître assit là dans sa maison, sentit son cœur éclater de joie et ne put plus se contenir, il se mit debout et manifesta publiquement sa décision de changer de vie. Comme nous le voyons, c'est une décision motivée par la joie, et non par une quelconque contrainte extérieure.

Jésus ne lui a pas dit : « Tu dois changer de vie », il se contenta de se laisser accueillir dans sa maison et cela suffit pour que Zachée sache ce qu'il devait faire. C'est ce que Jésus fait dans son Eucharistie : il nous dit simplement : je souhaite être accueilli dans ton cœur, je te demande de me recevoir dans l'Eucharistie. Et cela doit suffire.

La joie de Zachée se consolida lorsqu'il s'engagea publiquement à changer. Zachée passa du statut d'usurier à celui d'une personne solidaire. Comme le dit Isaïe (58,9-11) : il arrêta de maltraiter et de montrer du doigt les autres et en vint à partager son pain avec celui qui a faim, et à aider ceux qui souffrent. « Je vais donner aux pauvres la moitié de tout ce que j'ai, et si j'ai dérobé quelque chose je rendrai quatre fois sa quantité ».

La joie se renforce lorsque nous nous mettons à l'œuvre, lorsque nous donnons les fruits et que « nous faisons tout ce que Jésus nous dit ». La source de la joie est dans cette phrase de Jésus : « Zachée, descends rapidement car aujourd'hui je dois demeurer dans ton foyer. » Nous avons un Dieu qui souhaite être accueilli dans notre foyer, dans notre famille, dans notre ville.

Saint Gaétan est un de ces « foyers », au sein desquels nous savons que Dieu « a souhaité être accueilli ». Nos églises naissent d'une « visite » de Jésus dans chaque ville, du désir qu'Il a de se trouver parmi nous. C'est le cas à Luján par exemple. La basilique de notre Mère née du désir de la Vierge de s'installer ici, à Luján, pour être avec nous en tant que Mère de Dieu.

C'est aussi ce qui arrive à Saint Gaétan, qui, sous certains aspects, ressemble à la maison de Zachée, parce que Saint Gaétan est la demeure du Pain et du Travail et nous pourrions bien dire que, lorsque Jésus demeura chez Zachée et changea sa vie, Zachée devint un homme de travail. Il cessa d'être un profiteur pour devenir un travailleur honnête, juste et solidaire.

Notre devise de cette année dit : « Aux côtés de San Gaétan, nous prions pour la paix, le pain et le travail. » En entrant dans ce foyer nous demandons la grâce d'en ressortir changés, comme Zachée, nous sollicitons la joie que procure à chacun d'entre nous le fait de laisser derrière soit les brimades et de ressortir convertis en hommes et en femmes de paix, qui apportent la paix au milieu d'une ville agressive et violente.

Aux côtés de saint Gaétan, nous prions et nous demandons pour chacun d'entre nous la grâce d'abandonner nos passions et d'être des hommes et des femmes ayant soif de justice, de cette joie que procure le fait de penser à la façon de devenir plus juste dans nos relations. Au lieu de penser à ce que l'on nous doit nous ressortons en pensant à ce que nous devons aux autres. C'est ce qui fait la dignité d'une personne : le juste médite sur la manière de devenir plus juste. Sans que personne ne l'oblige, il le fait pour l'honneur et le plaisir que procure le fait d'être juste, de rendre ce qui n'est pas à nous, d'apporter compensation à celui que nous avons dépossédé.

Aux côtés de saint Gaétan, nous prions et nous demandons la grâce prendre goût au Pain de Dieu, la grâce de ressentir la joie que nous procure le fait d'être en communion avec le Christ. Ce pain qui est le lien de notre union : nous mangeons ce pain, et nous ne nous détachons pas, ne nous dispersons pas. En étant le saint patron du pain, saint Gaétan est aussi le patron de l'unité de notre patrie.

Que le Seigneur nous bénisse tous avec beaucoup de joie.

Que nous rentrions chez nous changés, après avoir tenu la promesse et rendu visite à Saint Gaétan.

Que nous rentrions avec l'envie d'aménager dans nos vies un lieu dédié à Jésus car il souhaite loger dans nos demeures.

Que nous revenions bénis, en ressentant l'envie d'être en paix avec nos familles et avec tous, avec l'envie de partager le bonheur intérieur que Dieu nous offre.

Que la Vierge et saint Gaétan protègent et cultivent cette joie de la rencontre avec Jésus, notre Sauveur.

16.
À la suite du Christ, soyons proches les uns des autres[1]

L'écoute de la Parole a suscité en moi trois sentiments : la proximité, l'hypocrisie et la frivolité.

Notre Dieu est un Dieu qui s'approche.

La première lecture demande : « Quelle est la grande nation dont les dieux se fassent aussi proches que le Seigneur notre Dieu l'est pour nous ? » (*Dt* 4,7). Un Dieu qui se fait proche. Un Dieu qui s'est mis à marcher avec son peuple avant de devenir un membre de son peuple, en Jésus Christ, pour se faire proche de lui. Non pas d'une proximité métaphysique mais de cette proximité que décrit Luc quand il va soigner la fille de Jaïre, et que les gens le bousculaient à l'étouffer tandis que la pauvre vieille tentait de toucher le bord de son manteau dans son dos. De cette proximité de la foule cherchant à faire taire l'aveugle posté à l'entrée de Jéricho, criant pour se faire entendre. De cette proximité qui encouragea les dix lépreux à lui demander de les purifier. Jésus

---

1. *Homélie à l'occasion de la messe de clôture des Rencontres de Pastorale pour la Ville de la région de Buenos Aires, 2 septembre 2012.* [NdT] Textes de la messe : Dt 4, 1-2.6-8 ; Ps 14, 1a-2.3bs-4ab, 5 ; Jc 1, 17-18.21b-22.27 ; Mc 7, 1-8.14-15.21-23.

s'immergeait dans tout cela. Personne ne voulait rien perdre de cette proximité, pas même le petit homme grimpant au sycomore pour le voir.

Notre Dieu est un Dieu proche. Et curieusement : Il soignait, faisait le bien. Saint Pierre le dit tout net : « Il est passé en faisant le bien et en guérissant » (*Ac* 10,38). Jésus n'a pas fait de prosélytisme, il a accompagné. C'est précisément par son attitude d'accompagnement, d'enseignement, d'écoute, qu'il obtenait des conversions. Il n'était absolument pas prosélyte, au point de dire : « Si vous aussi, vous voulez partir, faites-le maintenant sans perdre de temps. – Tu as les paroles de la vie éternelle, nous restons » (cf. *Jn* 6,67-68). C'est un Dieu proche, proche de notre chair. Le Dieu de la rencontre, qui sort au-devant de son peuple. Le Dieu – selon la belle expression du diocèse de San Justo – le Dieu qui place son peuple en situation de rencontre.

Par cette proximité, par ce cheminement, il crée cette culture de la rencontre qui fait de nous des frères, des fils, et non les membres d'une ONG ou les clients d'une multinationale.

La proximité : c'est ce qui nous est proposé.

La seconde notion est l'hypocrisie. Je suis frappé que saint Marc, toujours si concis, si bref, ait fait tant de place à cet épisode – notez que cette version liturgique est abrégée, le texte est encore plus long – il semble s'acharner contre ceux qui se font lointains. Ils ont pris la réalité du message de la proximité de ce Dieu venu marcher avec son peuple, Dieu fait homme pour être l'un de nous et marcher avec nous, ils l'ont distillé tout au long de leurs propres traditions, ils en ont fait un concept, un pur précepte, et ils en ont éloigné le peuple. Ceux-là, Jésus les accusera de prosélytisme : Vous parcourez le monde pour trouver quelqu'un à convertir et quand vous l'avez trouvé, vous le tuez avec tout ça. Vous avez éloigné le peuple.

À ceux qui étaient scandalisés de le voir manger avec les pécheurs, les publicains, Jésus répond : « les publicains et les prostituées vous précéderont », alors que c'était la lie de la société de l'époque. Jésus ne les supporte pas. Ce sont eux qui ont cléricalisé – pour dire les choses clairement – l'Église du Seigneur. Ils l'encombrent de préceptes. Je le dis avec tristesse, et pardonnez-moi si j'ai l'air de les dénoncer ou de les insulter, mais il y a dans notre région ecclésiastique des prêtres qui refusent de baptiser les enfants de mères célibataires sous prétexte qu'ils ont été conçus hors des liens sacrés du mariage. Ce sont les hypocrites d'aujourd'hui. Ceux qui ont cléricalisé l'Église. Ceux qui éloignent du salut le peuple de Dieu. Et cette pauvre fille qui, alors qu'elle pouvait renvoyer son enfant à l'expéditeur, a eu le courage de le mettre au monde, erre de paroisse en paroisse en demandant qu'on le baptise !

Ceux qui cherchent des prosélytes, les cléricaux qui cléricalisent le message, Jésus les désigne en ces termes : « de votre cœur sortent les pensées perverses : inconduite, vols, meurtres, adultères, cupidités, méchancetés, fraude, débauche, envie, diffamation, orgueil et démesure » (*Mc* 7,23). Drôle de compliment, n'est-ce pas ? Voilà comment il les discrédite. Il les dénonce

Cléricaliser l'Église est une hypocrisie pharisienne. L'Église du « entrez par ici que nous vous disions les règles à suivre, et ce qui n'y entre pas n'en est pas » est pharisienne. Jésus nous montre l'autre voie : sortir. Sortir pour témoigner, pour s'approcher de son frère, pour partager, pour questionner. S'incarner. Contre le gnosticisme hypocrite des pharisiens, Jésus sort à nouveau au milieu de la foule, parmi les publicains et les pécheurs.

La frivolité

La troisième parole qui m'a touché se trouve à la fin de la *Lettre de Jacque*s : ne pas se commettre avec le monde. Car si le pharisaïsme, cette espèce de « cléricalisme » nous fait du tort, l'amour du monde est un autre mal qui ronge notre conscience chrétienne. C'est ce que nous dit saint Jacques : ne vous laissez pas salir par le monde. Dans ses adieux, après la Cène, Jésus demande au Père de le sauver de l'esprit du monde, de la frivolité spirituelle. Le pire des maux qui puissent atteindre l'Église, c'est de tomber dans la frivolité spirituelle, comme l'indiquait le cardinal de Lubac. C'est le pire des maux dont puisse souffrir l'Église, pire encore que la débauche des papes d'autrefois. Cette frivolité spirituelle qui consiste à faire ce qui fait bonne impression, à être comme les autres, de cet embourgeoisement spirituel, du respect des horaires, du statut : « Je suis chrétien, je suis consacré ou consacrée, je suis prêtre. » Ne vous commettez pas avec le monde, dit Jacques.

Non à l'hypocrisie. Non au cléricalisme hypocrite. Non à la frivolité spirituelle ; elle prouve que l'on est plus un gestionnaire qu'un homme ou une femme vivant selon l'Évangile.

Oui à la proximité, au chemin parcouru avec le peuple de Dieu, à la tendresse spéciale envers les pécheurs, ceux qui sont plus loin, et souvenons-nous que Dieu vit au milieu d'eux.

Que Dieu nous accorde cette grâce de la proximité, qui nous préserve de tout comportement gestionnaire, frivole, prosélyte, clérical, et qui nous rapproche de sa voie : marcher avec le peuple saint de Dieu.

Ainsi soit-il.

17.
L'audace d'annoncer l'Évangile[1]

La première lecture nous montre ce qu'est le dialogue de l'apôtre Paul avec l'Église qu'il avait fondée et à laquelle il était si profondément attaché. Le dialogue du pasteur, de l'évêque, avec son Église est un des aspects les plus merveilleux de notre vie chrétienne. Toute la croissance de l'Église, tout son cheminement s'articule dans ce dialogue de l'évêque avec son peuple. Sans ce dialogue, elle se disperse ; s'il est insuffisant, elle s'égare. C'est un dialogue d'amour, un dialogue de sentiment fraternel autant que paternel, un dialogue de grâce, un dialogue de gratitude envers l'Unique Seigneur qui rassembla les brebis et le pasteur de la vie chrétienne.

Ce n'est pas un dialogue facile, Paul le dit après avoir été maltraité et insulté à Philippes – vous savez

---

1. *Homélie à l'occasion du 30e anniversaire du décès de Mgr Enrique Angelelli, cathédrale de La Rioja, 4 août 2006. [NdT] Enrique Angel Angelelli (17 juin 1923- 4 août 1976), fils d'immigrants italiens, a participé aux travaux du concile Vatican II où il soutenait le courant rénovateur. Il est nommé évêque de La Rioja en 1968, diocèse dont le nombre de prêtres et de paroisses se met à augmenter considérablement. Son fort engagement dans les questions sociales en fait aussitôt une cible pour la junte qui prend le pouvoir le 24 mars 1976. Les conditions de son décès, présenté par les autorités militaires comme un accident de voiture, n'ont pas été élucidées. Au cours de cette messe anniversaire, Mgr Jorge Bergoglio, alors président de la Conférence épiscopale d'Argentine affirmera que Mgr Angelelli « avait reçu des pierres et versé son sang à cause de sa prédication de l'Évangile ».*

qu'il y reçut une fameuse raclée – : « Dieu ne m'a pas donné l'audace nécessaire pour annoncer la bonne nouvelle. » C'est un dialogue qui exige de l'audace, du courage, de la part de l'évêque comme de celle du peuple pour recevoir l'annonce évangélique. Il faut du courage pour se mettre à la suite du Christ, ce courage divin et il faut également de l'endurance, de la patience évangélique lorsqu'on est maltraité et insulté. Il faut charger sur ses épaules toutes les difficultés de la vie quotidienne, toutes les difficultés de la prédication de l'Évangile, toutes les difficultés des ennemis de la croix du Christ – comme Paul lui-même les désigne – qui veulent qu'on flatte leur ouïe en leur disant ce qui leur plaît : ce qu'ils veulent faire dire à l'Évangile et non ce que l'Évangile dit vraiment. C'est pourquoi Paul leur dit : « Je ne suis pas venu auprès de vous avec des paroles flatteuses. »

L'extraordinaire dialogue entre l'Église et son Pasteur comporte ces deux si beaux aspects : l'audace pour annoncer l'Évangile et l'endurance pour surmonter les difficultés suscitées par cette annonce. Car, de toute évidence, la prédication de l'Évangile provoque des remous et suscite toujours, tout au long de l'histoire, les mêmes réactions en ceux qui ne veulent pas entendre la parole du Christ. Elle pousse à questionner le prédicateur, à commencer par Jésus ; on l'interrogeait, on lui disait : « c'est par les démons que tu expulses les démons » (cf. *Lc* 11,15). Elle fait suspecter celui qui annonce la Parole, qu'il soit pasteur ou qu'il soit du peuple, par les moyens bien connus de la désinformation, la diffamation et la calomnie. C'est bien ce qu'ils firent avec Paul : alors qu'on diffusait des rumeurs inexactes sur son compte, qu'on le dénigrait et qu'on le calomniait, Paul supporta tout et les communautés qui le suivaient résistèrent aux côtés de leur pasteur dans ce dialogue si affectueux.

C'est un dialogue du pasteur avec ses brebis, les brebis connaissent la voix du pasteur, le peuple saint des fidèles de Dieu ne se trompe pas. D'aucuns me diront : Père, vous êtes en train de faire de la politique. Non, non, je cite *Lumen Gentium* : le peuple saint des fidèles de Dieu est infaillible et *in credendo* et, lorsque le dialogue entre le pasteur, l'ensemble du peuple de Dieu, le grand pasteur, le Christ, le pape, les évêques, suit le même chemin il ne peut se tromper car l'Esprit Saint vient l'assister. Mais pour que le peuple de Dieu ne se trompe pas, ce dialogue doit avoir lieu, cette fidélité et cette universalité de tout le saint peuple de Dieu qui abolit les frontières d'une paroisse, d'un diocèse, d'un pays : cette façon de vivre l'Évangile.

Ce dialogue est universel et les brebis, qui connaissent la voix du berger, le reconnaissent, elles savent qui est leur berger et qui ne l'est pas, qui est un mercenaire, qui les défendra quand le loup viendra et qui s'enfuira, elles savent tout cela. C'est pourquoi Jésus leur dit : « Mes brebis écoutent ma voix, je les connais et elles me suivent » (*Jn* 10,27). « Vous ne me croyez pas. Les œuvres que je fais au nom de mon Père, voilà ce qui me rend témoignage. Mais vous ne croyez pas, parce que vous n'êtes pas de mes brebis. Vous ne me croyez pas parce que vous ne voyez pas mes œuvres, car vous avez déjà pris parti » (cf. *Jn* 10,25-26). Ceux qui s'opposent au peuple de Dieu vivant selon l'Évangile, ou qui s'opposent à son Pasteur, ont une opinion préconçue étrangère à l'Évangile et ils interprètent l'Évangile à l'aune de ce préjugé. Comme les pharisiens, leur cœur n'est pas ouvert à l'appel de Jésus.

Si j'ai souhaité m'arrêter sur ce si beau et merveilleux dialogue entre le Pasteur et son peuple, c'est parce que je l'ai vu en bien des pasteurs, et notamment ici.

Je suis venu pour la première fois à La Rioja un jour historique, le 13 juin 1973, jour de la bataille de pierres de Anillaco[2]. Nous étions cinq Consulteurs, accompagnant notre Provincial pour passer ici plusieurs jours de retraite et de réflexion pour élire le nouveau Provincial. Le 14 juin, après cette lapidation de l'évêque, des prêtres, des religieuses et des animateurs pastoraux, Mgr Angelelli prêcha la retraite spirituelle du Provincial et des cinq jésuites, et nous fit entrer dans le discernement de l'Esprit afin de comprendre quelle était la volonté de Dieu. Ce furent des journées inoubliables, où nous reçûmes la sagesse d'un pasteur qui dialoguait avec son peuple, et où nous avons aussi découvert les

---

2. [NdT] Le 13 juin 1973, Mgr Angelelli devait présider la fête patronale d'Anillaco, ville natale du gouverneur Carlos Menem qui avait promis d'exproprier un latifundio constitué de terres saisies aux paysans endettés, et de rendre ces terres à une coopérative locale. Les notables locaux, dont la famille de Menem, organisèrent une manifestation qui envahit l'église, interrompant la célébration ; des pierres furent jetées contre Mgr Angelelli. Le gouverneur retira son appui à la coopérative pour raisons d'ordre public ; Mgr Angelelli annula les célébrations diocésaines et prononça un interdit temporaire sur Menem et ses partisans. Enrique Angelelli offrit sa démission au pape Paul VI. Le Saint-Siège diligenta une enquête au cours de laquelle le Nonce, le président de la Conférence épiscopale, ainsi que tout le presbytérium de La Rioja apportèrent un soutien sans réserve à l'évêque qui fut confirmé dans ses fonctions.

persécutions subies par ce peuple et son pasteur, simplement parce qu'ils suivaient l'Évangile.

J'ai découvert là une Église tout entière persécutée, le peuple somme son pasteur. Deux mois plus tard, le 14 août 1973, alors que j'étais devenu Provincial, je revins avec le père Arrupe, Général de la Compagnie. Le père Arrupe avait été bouleversé par la raclée infligée au père Pucheta l'année précédente à San José près de Fatamatina, et il voulait en savoir plus sur La Rioja. À l'occasion de sa visite canonique en Argentine – la visite d'inspection que font les pères généraux à la congrégation – nous avons fixé une journée à La Rioja et là, j'ai découvert autre chose. Le petit avion qui nous conduisait de Córdoba, le père Arrupe, le père Di Nillo et moi, s'était déjà posé en bout de piste et roulait vers l'aérodrome, quand le pilote reçut un appel lui demandant de ne pas bouger.

L'évêque vient nous chercher en voiture et nous dit : nous avons fait stopper votre avion, partons d'ici car dehors, les lanceurs de pierres d'il y a deux mois à la Costa, vous attendent pour vous molester. Pour huer le Général de la Compagnie de Jésus qui venait visiter ses jésuites et manifestement, pour rencontrer l'évêque, le pasteur et son peuple. L'après-midi, une réunion était organisée à la Maison de la Culture, avec le père général de la Compagnie et tous les agents pastoraux, où ils nous racontaient leurs expériences. Je me souviens de la dernière question qu'ils lui posèrent (c'était une dame, une femme combative de La Rioja, qui portait les projets pastoraux avec un réel courage) : « Dites-nous, père, ce que vous venez d'entendre, est-ce bien conforme au concile Vatican II, ou pas ? » Le père Arrupe répondit : « C'est bien ce que veut l'Église depuis Vatican II. »

Nous avons observé là-bas un laïcat vivant, courageux avec son pasteur. L'évêque avait eu la délicatesse de ne pas assister à cette réunion, pour que son peuple puisse s'exprimer librement.

J'ai vécu ici ce dialogue entre l'évêque et son troupeau, un dialogue qui s'est approfondi, un dialogue d'amour ; il fallait voir combien ce dialogue avait pénétré le cœur de l'évêque. Il aimait tant son peuple que son cœur de poète frustré – comme nous lui disions en plaisantant – lui a inspiré de véritables hymnes d'amour. Comme il ressentait l'âme de son peuple :

> *Failles de ruptures et de silence, Sables assoiffés et sauvages, Cactus en sentinelles sur l'horizon riche de collines secrètes… Telle est l'âme de mon peuple.*
> *Postulant avec une foi de pèlerin marcheur aux souvenirs inépuisables, Besace lourde d'espérances, battant au rythme des percussions… Telle est l'âme de mon peuple.*

Un amoureux de son peuple qu'il accompagnait sur sa route, et jusqu'aux limites, géographiques comme existentielles. Rappelons-nous avec quelle tendresse il caressait les anciens, il allait à la rencontre des pauvres et des malades, il appelait à la justice. Il était convaincu que l'homme, pétri d'argile, contenait un projet secret de la Trinité, un projet de Dieu : « Mélange de terre et de ciel, projet humain divin qui se fait visage en tout homme et dont l'histoire forme un peuple. » Dieu visage d'homme, histoire d'un peuple. Dieu qui chemine aux côtés de son peuple dans l'histoire du salut, « amour tourné en espérance à chaque souffrance du peuple, car l'homme se fait rencontre en l'histoire de chaque peuple », « cet amour qui s'incarna dans la douleur du peuple ». « Ici l'histoire est un chemin, et l'homme toujours un projet. » Et parce que l'homme était un projet, [Mgr Angelelli] accompagnait chaque homme, chaque femme, chaque jeune, chaque ancien, chaque membre de son peuple en ce projet, pour qu'il mûrisse, qu'il porte le meilleur fruit, pour que la gloire de Dieu se manifeste sur ce visage que Dieu lui-même avait pétri et auquel il avait insufflé son esprit.

C'est ainsi qu'il cheminait avec son peuple vers les limites : comprenez-vous quel beau dialogue il y avait là entre l'Église et son pasteur qui était aussi l'Église.

C'était un homme de la lisière, qui sortait à la recherche, qui sortait à la rencontre, car c'était profondément un homme de rencontre (je viens de le dire, « car l'homme se fait rencontre en l'histoire de chaque peuple », homme de rencontre, homme de lisières). C'est pourquoi il a pu entrevoir, y compris dans ce poème d'avril 1974, le drame de la patrie, mais il l'observait plein d'espoir : « La patrie est en train d'engendrer un fils dans la douleur et le sang, les soirs pleurent dans l'attente que le fils naisse sans haine ni rancœur, sans haine et dans l'amour, ma terre est grosse de vie. » C'est ainsi qu'il vivait la patrie, qu'il l'aimait : grosse de vie. « En cette nuit de souffrance, attendant que pointe l'aurore, apportant un homme nouveau, Seigneur. »

Tel est le dialogue d'un pasteur avec son peuple que j'ai découvert ici à La Rioja, un dialogue chaque jour plus persécuté, une Église martyrisée, une Église répandant son sang nommé Wenceslao, Gabriel, Carlos, témoins de la foi qu'ils proclamaient et qui offrirent leur sang pour l'Église, pour le peuple de Dieu, pour l'annonce de l'Évangile et qui finalement s'incarne dans son pasteur. Il fut un témoin de la foi en versant son sang[3].

Ce jour-là, sans doute, quelqu'un fut très heureux, croyant en son triomphe, mais c'était la déroute des adversaires. Un des premiers chrétiens[4] émit cette belle sentence : « Le sang des martyrs est semence des chrétiens. » Le sang de ces hommes qui offrirent leur vie pour l'annonce de l'Évangile est un véritable triomphe qui, aujourd'hui, plaide pour la vie, la vie de cette Église de La Rioja qui en est aujourd'hui dépositaire.

La mémoire de Wenceslao, Carlos, Gabriel et de l'évêque Enrique n'est pas un simple souvenir dans une vitrine ; c'est un défi qui nous est lancé aujourd'hui, à regarder le chemin de ces hommes qui n'avaient d'yeux que pour l'Évangile, des hommes qui avaient librement accueilli l'Évangile. C'est ce que la patrie attend de

---

3. [NdT] Mgr Angelelli a été assassiné trois semaines après les « martyrs de Chamical » : Gabriel Longueville, prêtre français du diocèse de Viviers et Carlos Murias, Franciscain argentin, enlevés et assassinés le 18 juillet 1976 ; Wenceslao Pedernera, laïc de la paroisse. La cause de béatification du Père Longueville a été ouverte en 2010. Les militaires responsables de l'assassinat des deux prêtres ont été jugés en août 2012 ; une plainte pour crime contre l'humanité est en cours d'instruction à Paris.

4. [NdT] Tertullien (150 env.-220), Père de l'Église né et mort à Carthage.

nous aujourd'hui, d'être des hommes et de femmes libres de tout préjugé, de tout compromis, de toute ambition, de toute idéologie, des hommes et des femmes de l'Évangile. Rien que l'Évangile, auquel il n'y a pas d'autre commentaire à ajouter que celui qu'apportèrent Wenceslao, Carlos, Gabriel et l'évêque : le commentaire de leur propre vie.

Que le Seigneur, par l'intercession de sa Mère très Sainte, nous accorde aujourd'hui la grâce de la liberté de l'Évangile seul, illustré par notre propre vie.

Ainsi soit-il.

18.
« Vous avez reçu gratuitement, donnez gratuitement. »[1]

Chers frères et sœurs,

L'un des plus grands dangers qui nous guettent est l'"accoutumance". Nous sommes si accoutumés à la vie et à tout ce qu'elle représente que rien ne nous étonne plus; on ne remercie plus ce qui est bon et on ne s'attriste plus vraiment de ce qui est mauvais. J'étais étonné et perplexe lorsque j'ai demandé à l'une de mes connaissances comment elle allait et qu'elle m'a répondu: "mal mais accoutumée".

Nous sommes accoutumés à nous lever tous les jours comme si nous ne pouvions faire autrement, nous sommes accoutumés à la violence comme quelque chose d'inévitable aux informations, nous sommes accoutumés au paysage habituel de pauvreté et misère lorsque nous parcourons les rues de notre ville, nous sommes accoutumés à voir le soir dans le centre-ville des enfants et des femmes qui transportent les déchets des autres. Nous sommes accoutumés à vivre dans une ville paganisée où les enfants ne vont pas prier ni font le signe de croix.

---

1. *Lettre de carême 2012, Buenos Aires, le 22 février 2012. Mercredi des Cendres.*

L'accoutumance nous anesthésie le cœur, il n'y a pas de capacité pour cet étonnement qui renouvelle notre espoir, il n'y a pas de place pour la reconnaissance du mal ni de pouvoir pour le combattre.

D'autre part, il y a des moments forts qui nous arrachent à l'accoutumance malsaine et nous confrontent à la dure réalité comme lorsque nous perdons quelqu'un de très cher, nous avons l'habitude de chérir et de remercier ce que nous avons, contrairement à ce que l'on avait fait auparavant. Sur le chemin de la vie du disciple le Carême se présente comme un moment fort, ce point d'inflexion qui arrache le cœur à la routine e à la paresse de l'accoutumance.

Le Carême est un temps de conversion, de retour aux origines de notre vie en Dieu. Une conversion qui jaillit de l'action de grâce pour tout ce que Dieu nous a offert, pour tout ce qu'Il accomplit et continuera à accomplir dans le monde, dans l'histoire et dans notre vie personnelle.

Une action de grâce comme celle de Marie qui, malgré les désagréments qu'elle a dû subir, ne s'est pas montrée défaitiste, au contraire elle a su louer les grandeurs du Seigneur. L'action de grâce et la conversion parcourent le même chemin. "Convertissez-vous car le Royaume des cieux est tout proche", proclamait Jésus au début de sa vie publique. Seules la beauté et la gratuité du Royaume passionnent le cœur et le font changer pour de bon. Une action de grâce et une conversion comme celle de tous ceux qui ont reçu gratuitement des mains de Jésus la santé, le pardon et la vie.

Lorsque Jésus a envoyé ses disciples pour annoncer ce Royaume, Il leur a dit: "donnez gratuitement". Le Seigneur veut que Son Royaume se propage par des gestes d'amour gratuit. Ainsi, les hommes remercièrent les premiers chrétiens porteurs d'un message qui les dépassait. "Vous avez reçu gratuitement, donnez gratuitement". Que ces paroles de l'Evangile restent gravées très fortement dans notre cœur du Carême. L'Eglise grandit par attraction, par témoignage et non par prosélytisme.

Notre conversion chrétienne doit être une réponse de grâce au merveilleux mystère de l'amour de Dieu qui s'accomplit à travers la mort et la résurrection de son Fils, et qui se manifeste à chaque baptême, à chaque pardon qui nous renouvelle et guérit, à chaque Eucharistie qui sème en nous les mêmes sentiments que ceux du Christ.

Pendant le Carême, par la conversion, nous retournons aux origines de la foi en contemplant le don sans mesure de la Rédemption, et nous nous rendons compte de que tout nous a été donné par une initiative gratuite de notre Dieu. La foi est un don de Dieu qui nous pousse à l'action de grâce et qui porte ses fruits dans l'amour.

L'amour rend commun tout ce qu'il a et se révèle par la communication. Il n'y a pas de foi véritable qui ne se manifeste pas dans l'amour, et l'amour n'est pas chrétien s'il n'est pas généreux et concret. Un amour franchement généreux est un signe et une invitation à la foi. Lorsque nous assumons les besoins de nos frères, comme le fit le bon samaritain, nous sommes en train d'annoncer et de rendre le Royaume présent.

Action de grâce, conversion, foi, amour généreux et mission sont les mots-clé pour prier en ce temps. Ils doivent s'incarner dans des gestes de solidarité.

Je vous souhaite un saint Carême. Que Jésus vous bénisse et la Vierge Marie prenne soin de vous. Et, s'il vous plaît, priez pour moi.

Fraternellement,

19.
Revenez à l'Éternel, votre Dieu[1]

Déchirez vos cœurs et non vos vêtements ;
revenez à l'Éternel, votre Dieu ;
car il est compatissant et miséricordieux,
lent à la colère et riche en bonté…
(Joël 2, 13)

Nous nous habituons peu à peu à entendre et à voir, par les moyens de communication, la chronique noire de la société contemporaine, présentée presque avec une joie perverse, et nous nous habituons aussi à la toucher et à la sentir autour de nous et en notre propre chair. Le drame est dans nos rues, dans nos quartiers, sous notre toit et, pourquoi pas, en nos cœurs. Nous cohabitons avec la violence meurtrière, qui détruit des familles, avive des guerres et des conflits en tant de pays du monde. Nous partageons en notre cœur l'envie, la haine, la calomnie, la mondanité. La souffrance de victimes innocentes et pacifiques nous heurte constamment ; le mépris des droits des personnes et des peuples plus fragiles sont si loin de nous. La domination de

1. *Homélie aux prêtres, consacrés et laïcs de l'archidiocèse de Buenos Aires, 13 février 2013, Mercredi des Cendres.*

l'argent, avec ses effets démoniaques comme la drogue, la corruption, la traite d'être humains – y compris des enfants – unie au dénuement matériel et moral, sont monnaie courante. La disparition du travail digne, les émigrations douloureuses et le manque d'un futur se joignent aussi à cette symphonie. Les erreurs et péchés de notre Église ne sont pas non plus absents de ce vaste panorama. La justification des égoïsmes les plus personnels qui n'en sont pas moindres pour autant ; la perte de valeurs éthiques de la société étendant ses métastases au cœur des familles, du vivre-ensemble des quartiers, villages et villes... reflètent notre limitation, notre faiblesse et notre incapacité à transformer cette liste infinie de réalités destructrices.

Le piège de l'impuissance nous conduit à nous interroger : Chercher à changer tout ceci a-t-il un sens ? Que pouvons-nous faire face à cette situation ? Cela vaut-il la peine d'essayer, si le monde poursuit sa danse carnavalesque qui travestit tout pour un temps ? Cependant, lorsque tombe le masque, la vérité se dévoile et, bien que beaucoup trouvent anachronique d'en parler, le péché ressurgit, blessant notre chair de toute sa force destructrice et déviant le cours du monde et de l'histoire.

Le Carême est comme le cri de la vérité et de l'espérance certaine qui viennent nous répondre que oui, il est possible de ne pas nous grimer ni de nous dessiner des sourires de plastique comme si tout allait bien. Oui, il est possible que tout soit nouveau et différent, parce que Dieu est toujours « riche en bonté et en miséricorde, toujours prêt à pardonner » et il nous encourage à recommencer encore et encore. Aujourd'hui, nous sommes à nouveau invités à prendre un chemin pascal vers la Vie, chemin qui passe par la croix et le renoncement ; qui sera malaisé mais non pas stérile. Nous sommes invités à reconnaître que quelque chose ne va pas bien en nous-mêmes, dans la société ou dans l'Église, qu'il faut changer, changer de cap, nous convertir.

Les paroles du prophète Joël sont fortes et stimulantes : « Déchirez vos cœurs et non vos vêtements, Et revenez à l'Éternel, votre Dieu. » C'est une invitation pour tout peuple, personne n'en est exclu.

« Déchirez vos cœurs et non les vêtements » d'une pénitence factice sans lendemain.

« Déchirez vos cœurs et non les vêtements » d'un jeûne formel et d'obligation qui nous garde insatisfaits.

« Déchirez vos cœurs et non les vêtements » d'une prière superficielle et égoïste qui n'atteint pas les entrailles de notre propre vie pour la laisser toucher par Dieu.

« Déchirez vos cœurs » pour dire avec le psalmiste : « nous avons péché » : « La blessure de l'âme est le péché : Oh, pauvre blessé, reconnais ton Médecin ! Montre-lui les plaies de tes fautes. Et puisqu'on ne peut lui cacher nos pensées secrètes, fais-lui entendre le gémissement de ton cœur. Éveille sa compassion par tes larmes, par ton insistance, importune-le ! Qu'il entende tes soupirs, que ta douleur parvienne jusqu'à Lui jusqu'à ce que, à la fin, il te dise : Le Seigneur a pardonné ton péché » (saint Grégoire le Grand). Telle est la réalité de notre condition humaine. Telle est la vérité qui peut nous rapprocher de l'authentique réconciliation… avec Dieu

et avec les hommes. Il ne s'agit pas de discréditer l'estime de soi, mais de pénétrer au plus profond de notre cœur et d'assumer le mystère de la souffrance et la douleur qui nous entrave depuis des siècles, des milliers d'années… depuis toujours.

« Déchirez vos cœurs » pour que par cette blessure nous puissions nous voir en vérité.

« Déchirez vos cœurs », ouvrez vos cœurs, car l'amour miséricordieux du Père qui nous aime et nous guérit ne peut entrer qu'en un cœur blessé et ouvert.

« Déchirez vos cœurs », dit le prophète, et Paul nous demande presque à genoux : *« laissez-vous réconcilier avec Dieu »*. Changer sa façon de vivre est le signe et le fruit de ce cœur déchiré et réconcilié par un amour qui nous dépasse.

Telle est l'invitation qui nous est faite, face à tant de coups qui nous blessent jusqu'à nous soumettre parfois à la tentation de l'endurcissement. *« Déchirez vos cœurs »* pour faire l'expérience, dans la prière sereine et silencieuse, de la douceur de la tendresse de Dieu.

« Déchirez vos cœurs » pour percevoir cet écho de tant de vies blessées, et pour que l'indifférence ne nous rende pas inertes.

« Déchirez vos cœurs », pour pouvoir aimer du même amour dont nous sommes aimés, consoler comme nous sommes consolés et partager ce que nous avons reçu.

Ce temps liturgique où l'Église entre aujourd'hui n'est pas seulement pour nous-mêmes, il est aussi pour la transformation de notre famille, de notre communauté, de notre Église, de notre Patrie, du monde entier. Ce sont quarante jours pour nous tourner vers la sainteté même de Dieu ; pour devenir des collaborateurs qui reçoivent la grâce et la possibilité de reconstruire la vie humaine, afin que tout homme fasse l'expérience du salut que le Christ nous a obtenu par sa mort et sa résurrection.

En plus de la prière et de la pénitence, en signe de notre foi en la force de la Pâque qui transforme tout, il faut que, de nos cœurs blessés par le désir de conversion et par l'amour, jaillissent la grâce et le geste efficace pour soulager la souffrance de tant de frères qui cheminent à nos côtés. « Aucun acte de vertu ne peut être grand, s'il ne porte pas de fruit pour les autres aussi… Ainsi donc, tu auras beau passer ta journée à jeûner, tu auras beau dormir sur le sol dur, et manger de la cendre, et soupirer constamment, si tu ne fais pas de bien aux autres, tu ne fais rien de grand » (saint Jean Chrysostome).

Cette année de la Foi que nous vivons actuellement est aussi une chance que Dieu nous offre de croître et de mûrir dans la rencontre avec le Seigneur qui se rend visible sur le visage souffrant de tant de jeunes gens sans avenir, dans les mains tremblantes des personnes âgées oubliées et dans les genoux vacillants de tant de familles qui continuent à affronter la vie sans trouver de soutien.

Je vous souhaite un saint Carême, un Carême pénitentiel et fécond et, de grâce, je vous supplie de prier pour moi. Que Jésus vous bénisse et que la Sainte Vierge prenne soin de vous.

20.
Recevoir et accompagner la vie[1]

Quelqu'un m'a dit une fois que ce jour où nous fêtons l'Annonciation est le plus lumineux de l'année parce que nous commémorons le jour où Dieu a commencé à cheminer avec nous. Dieu est accueilli par Marie. Le sein de Marie se transforme en sanctuaire recouvert par le Saint-Esprit, recouvert par l'ombre de Dieu et, à partir de là, Marie commence son chemin, un chemin d'accompagnement de la vie qu'elle vient de concevoir, la vie de Jésus.

Elle l'attend, comme toute mère attend son enfant, avec beaucoup d'espoir, mais dès avant sa naissance commencent les difficultés ; et elle continue d'accompagner cette vie confrontée aux difficultés. Au moment de donner la vie, elle doit se mettre en route pour se plier à la loi, la loi civile des Romains, et elle s'y plie. L'enfant naît, sans aucun confort. Jésus est pratiquement né dans la rue… dans une étable… dans une cour de ferme… Il

---

1. *Homélie à l'occasion de la messe pour la vie à Buenos Aires, le 25 de mars de 2011, en la fête de l'Annonciation.51. Ponencia del Sr. Arzobispo en la Plenaria de la Pontificia Comisión para América Latina, Roma, 18 de febrero de 2009.*

n'y avait pas d'endroit pour lui et elle continue de l'accompagner.

Après l'immense joie qu'elle ressent en recevant les bergers, les mages et la reconnaissance universelle de Jésus, vient la menace de mort et l'exil… Et Marie accompagne l'exil. Ensuite elle accompagne le retour, l'éducation de l'enfant et sa croissance. Elle accompagne cette vie qui croît, avec les difficultés qu'elle implique, les persécutions, elle accompagne la croix, et elle accompagne sa solitude en cette nuit où ils le torturèrent toute la nuit… Elle se tient au pied de la croix… elle accompagne la vie de son fils et elle accompagne sa mort. Et dans sa profonde solitude elle ne perd pas l'espérance et elle accompagne sa résurrection, pleine de joie ! Mais son action ne s'arrête pas ici : Jésus lui confie l'Église naissante et depuis ce moment-là elle accompagne cette Église, elle accompagne la vie.

Marie, la femme qui reçoit et accompagne la vie… jusqu'à la fin ; avec tous les problèmes qui peuvent se présenter et aussi toutes les joies qui sont données. Marie, la femme qui, en un jour comme aujourd'hui, reçoit la vie et l'accompagne jusqu'à sa plénitude et qui, là encore, n'en a pas terminé parce qu'elle continue à nous accompagner dans la vie de l'Église, pour que celle-ci aille de l'avant. La femme du silence, de la patience, qui supporte la douleur, qui affronte les difficultés et qui sait se réjouir profondément des joies de son fils.

Le pape Benoît XVI a voulu que cette année soit l'année de la vie. Et en ce jour où nous fêtons le commencement de la vie de Dieu sur la terre, cette année de la vie prend tout son sens en ayant comme point de départ cette vie, mise au monde par Marie et accompagnée par elle. En cette année de la vie je crois qu'il nous ferait du bien de nous demander à nous-mêmes comment nous recevons la vie… comment nous l'accompagnons… Parce que parfois nous ne nous rendons pas compte de ce qu'est la fragilité d'une vie. Parfois nous ne nous rendons pas compte des dangers que la vie d'une personne doit traverser, depuis sa conception jusqu'à sa mort. Ainsi, la question que je voudrais vous poser aujourd'hui, en regardant Marie qui accompagne la vie, est : savons-nous accompagner la vie ? La vie de nos petits, de nos enfants et de ceux qui ne le sont pas. Savons-nous encourager nos enfants dans leur croissance ?

Savons-nous leur mettre des limites dans leur éducation ? Et les enfants qui ne sont pas les nôtres, ceux qui – pardonnez-moi l'expression – ont l'air d'être « les fils de personne »… m'intéressent-ils aussi ? Pourtant, ils sont la vie ! Le souffle de Dieu ! Ou suis-je plus préoccupé par le bien-être de mon animal de compagnie, qui, comme il n'a pas de liberté me donnera instinctivement ce que je crois être de l'affection. Ai-je quelques fois pensé au fait que ce que je dépense pour mon animal pourrait servir à nourrir et éduquer un enfant dans le besoin ? Est-ce que je fais attention à la vie des enfants quand ils grandissent ? Est-ce que je me préoccupe de leurs fréquentations ? Est-ce que je fais en sorte qu'ils grandissent, mûrissent et deviennent libres ? Est-ce que je sais éduquer mes enfants dans la liberté ? Est-ce que je me soucie de leurs distractions ?… Parfois, lorsque l'on voit les programmes de certains voyages de fin d'études, on se demande si l'on prend bien soin de la vie ou au contraire si l'on prépare bien le chemin pour que ces jeunes brûlent toutes les cartouches qu'ils peuvent... Est-ce que je me soucie de cela ? Et la vie continue à croître... Et Marie continue de l'accompagner... et moi, est-ce que je l'accompagne comme Marie ? Comment vont tes parents ? Comment vont tes grands-parents ? Tes beaux-parents ? Les accompagnes-tu ? Te préoccupes-tu d'eux ? Leur rends-tu visite ? Parfois c'est très douloureux mais il n'y a pas d'autre solution que de les placer dans une maison de retraite, à cause de leur santé ou de la situation de la famille... mais quand ils y sont, est-ce que je consacre un samedi ou un dimanche pour être avec eux ? Est-ce que tu prends soin de cette vie qui s'éteint et qui t'a elle-même donné la vie ?

En cette année de la vie, le pape veut que nous nous soucions tout le cours de la vie. A chaque pas Marie est là avec nous. Celle qui a pris soin de la vie depuis le commencement et qui continue à en prendre soin à travers nous comme l'Église qui chemine. Ce qui pourrait nous arriver de pire c'est de manquer d'amour pour prendre soin de la vie, et Marie est la femme de l'amour. S'il n'y a pas d'amour il n'y a pas de place pour la vie. Sans amour il y a l'égoïsme et nous nous recroquevillons sur nous-mêmes pour nous flatter. Aujourd'hui nous demandons à Marie de l'amour, pour prendre soin de la vie. De l'amour et du courage ! Certains pourraient me dire : « Mais mon Père, comment pourrions-nous apporter de l'amour dans cette civilisation mondiale qui paraît apocalyptique, au milieu de tant de contradictions ? Et prendre soin de la vie jusqu'à son dernier souffle ? » Le grand Pape Pie XI a dit une phrase très dure : « Le pire qui nous arrive ne sont pas les facteurs négatifs de la civilisation mais l'endormissement des bonnes personnes. »

As-tu le courage d'assumer comme Marie cet engagement dans la sauvegarde de la vie, depuis son commencement et jusqu'à sa fin ? Ou bien es-tu endormi ? Et si tu l'es... qu'est-ce qui t'anesthésie ? Parce que Marie ne concevait aucune anesthésie à l'amour ! Et aujourd'hui nous lui demandons : « Mère, aimons pour de vrai, ne soyons pas engourdis, ne nous réfugions pas dans les mille et une anesthésies que nous propose cette civilisation décadente. » Ainsi soit-il.

IV

21.
Signification et importance de la formation académique[1]

Le n° 4 d'*Optatum Totius* nous donne le but à partir duquel, conjointement et harmonieusement, doit s'ordonner toute la formation sacerdotale : Tous les aspects de la formation, spirituel, intellectuel et disciplinaire seront ordonnés à cette fin pastorale (« consociata actione ad hunc finem pastoralem ordinentur ») : afin que se forme de vrais pasteurs d'âmes, à l'image du Christ, Maître, Prêtre et Pasteur (*Optatum Totius* 4).

C'est dans ce sens que nous dit *Aparecida** : « Il faut un projet de formation au Séminaire qui offre aux séminaristes un vrai programme complet : humain, spirituel, intellectuel et pastoral, centré sur Jésus-Christ Bon Pasteur » (*Aparecida* 319)

L'image du Bon Pasteur est, donc, l'*analogatum princeps* de toute la formation. Aussi bien le Concile *qu'Aparecida*, lorsqu'ils parlent de la fin pastorale comme d'une fin ultime comprennent « pastoral » dans son sens premier, non parce qu'il se distingue des autres aspects

1. *Conférence de l'archevêque lors de l'assemblée plénaire de la commission pontificale pour l'Amérique latine, à Rome le 18 février 2009.*

* Voir note du chapitre 1.

de la formation, mais parce qu'il les inclut tous. Il les inclut dans la Charité du Bon Pasteur, puisque la Charité « est la forme de toutes les vertus », comme le dit saint Thomas à la suite de Saint Ambroise. Au sens fort, bon, « formation » signifie « que le Christ se forme en nous », que nous recevons la forme de la Charité du Christ.

Cela suppose une formation continue, dans laquelle nous sommes toujours des disciples missionnaires puisque, en même temps que nous nous modelons avec le Christ Bon Pasteur comme disciple, nous devenons capables de communiquer peu à peu cette forme comme missionnaires. C'est ce sens fort de formation qu'exprime Paul quand il dit : « Mes petits enfants, vous que j'enfante à nouveau dans la douleur jusqu'à ce que le Christ soit formé en vous. » (Gal 4, 19).

Formation pour une vie en plénitude

Toute la formation s'ordonne, donc, pour former de bon pasteurs qui communiquent à nos peuples la vie de Jésus Christ en plénitude, comme le souligne *Aparecida* : « Le peuple de Dieu ressent le besoin de prêtres-disciples qui aient une profonde expérience de Dieu, modelés sur le cœur du Bon Pasteur, dociles aux motions de l'Esprit, qui se nourrissent de la Parole de Dieu, de l'Eucharistie et de l'oraison ; de prêtres-missionnaires mus par la charité pastorale, qui les pousse à garder le troupeau qui leur est confié et à rechercher les plus éloignés en prêchant la Parole de Dieu, toujours en profonde communion avec l'Évêque, les prêtres, diacres, religieux, religieuses et laïcs ; des prêtres-serviteurs de la vie : qui soient attentifs aux besoins des plus pauvres, engagés dans la défense des droits des plus faibles et promoteurs de la culture de la solidarité. Mais également, de prêtres plein de miséricorde, disponible pour administrer le sacrement de la réconciliation » (*Aparecida* 199).

Aparecida formule ces caractéristiques de l'identité sacerdotale avec un style littéraire qui fait appel « des plaintes du peuple de Dieu à ses prêtres ». Notre peuple fidèle désire des « pasteurs du peuple » et non pas des « clercs fonctionnaires »[3], « des maîtres de vie » qui donnent une doctrine solide de salut et non pas des« dilettantes » occupés à défendre leur propre renommée en discutant de questions secondaires. Pour pouvoir être de bons pasteurs, maîtres qui transmettent la vie, il est requis depuis le début de la formation une « solide spiritualité de communion avec le Christ Pasteur et une docilité à l'action de l'Esprit » (*Aparecida* 34)

La formation de pasteurs et maîtres

Paître en communion avec le Christ pasteur ce n'est pas seulement garder et conduire mais aussi nourrir et alimenter, corriger et soigner. C'est pour cela que le titre de Pasteur inclut celui de Maître, qui nourrit son troupeau lui montrant le vrai chemin de la vie et le corrigeant de ses erreurs. Le Bon Maître (Mt 19,16) n'enseigne pas du loin de sa chaire mais il enseigne comme celui qui fait paître : en entourant, en devenant proche, nourrissant de telle manière qu'il choisit ce qui alimente et écarte ce qui est nocif alors qu'il chemine partageant la vie de son troupeau.

Ce qui est pastoral suppose aussi ce qui est académique. Dans le langage du Concile et d'*Aparecida*, « pastoral » ne s'oppose pas à « doctrinal », mais il l'inclut. Ce qui est pastoral n'est pas non plus une pure « application pratique contingente de la théologie ». Au contraire, la Révélation même – et par conséquent toute la théologie est pastorale, dans le sens qu'elle est parole salvifique, parole de Dieu pour la Vie du monde. « Il ne s'agit pas d'ajuster une pastorale à la doctrine mais de ne pas anéantir dans la doctrine le sceau pastoral constitutif d'origine. Le « virage anthropologique » qu'il faut suivre en théologie est parallèle à la doctrine "pastorale". Nous recevons la révélation et le salut en percevant la connaissance que Dieu a de notre nature et sa condescendance de pasteur avec chacune de ses brebis.

Cette conception qui intègre doctrine et pastorale (le Concile en est venu à appeler "Constitution" – c'est-à-dire le document dans lequel se donne une doctrine permanente – non seulement la dogmatique *Lumen Gentium* mais aussi la pastorale *Gaudium et Spes*), se retrouve très clairement dans le décret sur la formation sacerdotale. Le décret insiste sur l'importance de former des pasteurs d'âmes. Pasteurs qui, unis à l'unique Pasteur Bon et Beau (beau en ce qu'il conduit en attirant à lui, et non en imposant), « paissent ses agneaux » (cf. Jn 21, 15-17).

Formation académique solide

En ce qui concerne la spécificité de la formation académique, je voudrais m'arrêter un instant et réfléchir à l'une de ses caractéristiques permanente : qu'elle soit solide.

Optatam Totius (*OT* 11-12)insiste sur la solidité de la formation en général et chacune de ses dimensions. Mais d'une manière particulière, le document parle de la solide doctrine que doivent avoir et communiquer les formateurs : ils « doivent être choisis parmi les meilleurs et doivent avec soin se préparer avec une doctrine solide, une expérience pastorale convenable et une formation spirituelle et pédagogique particulière. (*OT* 5).

Aparecida cite *Pastores dabo vobis* où Jean Paul II fait allusion au « sérieux et à la solidité de la formation ». Solidité qui permet aux prêtres de « comprendre et de vivre la richesse particulière du 'don' de Dieu – le sacerdoce – et de « développer ses potentialités » en s'insérant dans la communion ecclésiale. La solidité dont il est question est celle de la doctrine solide du Bon Pasteur, qui nourrit ses agneaux avec des mets solides, avec des Paroles de Vie éternelle.

La solidité : propriété de la Vérité

Ce qu'on ne prend pas toujours suffisamment en compte c'est que la solidité est une propriété transcendantale de la vérité. Dans la mentalité hébraïque, la vérité est « emeth », qui signifie être solide, sûr, fidèle, digne de foi. La vérité du Christ ne traite pas en premier lieu de la « révélation » ou de la « désoccultation » intellectuelle, plus propre de la mentalité grecque. Cette désoccultation sera total quand « nous le verrons tel qu'il est » (1 Jn 3, 2), tandis que maintenant « nous voyons comme dans un miroir, en énigme » (1 Co 13,

12). La vérité du Christ traite plutôt de l'adhésion de la foi ; une adhésion qui implique tout notre être, cœur, âme et esprit -. Cette adhésion est adhésion à la Personne de Jésus Christ, « l'Amen, le Témoin fidèle et vrai » (Ap 3, 14), en qui nous pouvons avoir confiance et nous appuyer parce qu'il nous donne son Esprit, qui nous guide à la « Vérité complète » et nous permet de discerner entre le bien et le mal.

Comme dit la lettre aux Hébreux : « Depuis le temps, vous devriez être capables d'enseigner, et vous avez encore besoin qu'on vous enseigne les tout premiers éléments des paroles de Dieu ; vous en êtes arrivés à avoir besoin de lait, et non de nourriture solide. Tous ceux qui en sont au lait ne peuvent comprendre la parole de justice, car ce sont des petits enfants. Aux adultes, la nourriture solide, eux qui ont des sens exercés par la pratique et savent discerner ce qui est bon de ce qui est mal. » (He 5,12-14)

La solidité de laquelle nous parlons est donc une participation au Sacerdoce de Jésus Christ « qui a dû être rendu semblable en toutes choses à ses frères, afin qu'il fût un souverain prêtre miséricordieux et fidèle dans le service de Dieu, pour faire l'expiation des péchés du peuple » (He 2,17). C'est pour cela, que si on entend parler de doctrine solide certains s'imaginent des formules abstraites ou des syllogismes irréfutables, ils pensent dans le cadre d'un paradigme rationaliste distinct de la solidité de la Vérité du Christ, qui est celle de la Miséricorde et celle de la Fidélité qui sauve.

L'ouverture au mystère du Christ

Si nous lisons bien *Optatam Totius* nous voyons que lorsqu'on parle de doctrine solide il est dit qu'il faut « coordonner » les matières philosophiques et théologiques afin que les esprits « s'ouvrent au mystère du Christ » : « Dans l'aménagement des études ecclésiastiques, il faudra viser tout d'abord à mettre en meilleur rapport la philosophie et la théologie et à les faire contribuer de concert à ouvrir de plus en plus l'esprit des séminaristes au mystère du Christ. Celui-ci, en effet, concerne l'histoire entière du genre humain, se prolonge sans cesse dans l'Église et opère principalement par le ministère sacerdotal. »(*OT*14)

La solidité qui mène donc à l'ouverture : une solide ouverture, une ouverture fidèle et ferme, stable et permanente, au mystère intègre du Christ. Ouverture de l'esprit pour que circule la Vie pleine : « Or, la vie éternelle, c'est qu'ils te connaissent, toi, le seul vrai Dieu, et celui que tu as envoyé, Jésus-Christ. »(Jn 17, 3).

Il ne s'agit donc en aucun cas d'une certaine rigidité doctrinale qui semble serrer les rangs seulement pour se défendre elle-même et qui peut finir par exclure les hommes de la vie. C'est ce que le Seigneur reproche aux pharisiens quand Il leur dit : «Malheur à vous, scribes et pharisiens hypocrites ! (...) Conducteurs aveugles ! Qui filtrez le moucheron, et qui avalez le chameau. » (Mt 23, 23-24). Bien au contraire, la solidité que nous recherchons pour nos prêtres est une solidité humaine et chrétienne qui ouvre les esprits à Dieu et aux hommes.

Une caractéristique de la vérité solide est qu'elle- ouvre toujours la porte à plus de vérité, elle ouvre toujours la porte à la Vérité transcendante plus amplement et profondément et elle sait ensuite la traduire de manière pastorale de sorte que le dialogue s'établit avec chaque homme et chaque culture.

Solidité qui prend des risques pour mettre en jeu la Parole

Le cœur de cette solidité se trouve dans la Parole de Dieu, puisque « l'Ecriture Sainte doit être comme l'âme de toute la théologie » (*OT* 16) : « Ils seront donc préparés: au ministère de la Parole, afin qu'ils comprennent toujours mieux la parole révélée de Dieu, qu'ils la possèdent par la méditation, et qu'ils l'expriment par leur bouche et par leurs mœurs (*OT* 4).

Rapidement, voyons comment la formation au sujet de la Parole ne se limite pas à sa compréhension intellectuelle. Le Concile insiste en même temps sur la méditation – puisqu'elle est Parole vivante qui doit être contemplé en esprit d'adoration – et sur l'expression de la Parole, aussi bien par le langage que par le témoignage de vie.La solidité de la Parole née du va et vient constant qui se trouve dans le cœur du disciple missionnaire entre l'intériorisation et la mise en pratique de ce qui a été révélé. Si l'on ne met pas en pratique la parole elle ne se solidifie pas – c'est une maison bâtie sur le sable- . Ce qui est paradoxal, c'est que la solidité se joue dans le risque, dans la négociation du talent, dans la sortie de soi vers les périphéries existentielles. Ce n'est pas la solidité du musée ni de l'auto-préservation. C'est pour cela qu'il est indispensable que la formation académique ait la dimension de descente, semence et ferment de la réalité et qu'elle remonte avec la récolte de tout l'humain qui peut être élevée et perfectionnée par la grâce.

Solidité de la formation humaniste et philosophique

C'est peut être là que se trouve le nœud du problème de la formation actuelle : le contact avec la réalité, comme évangélisation de la culture et inculturation de l'Evangile qui requiert un travail de discernement solide. Il est nécessaire que les futurs pasteurs entrent en contact avec le cœur des cultures des peuples qu'ils vont servir, et non pas juste avec la surface ou avec des fragments d'une réalité diluée et modifiée par les sciences positives. Ces sciences se fondent sur des paradigmes opérationnels qui ne cherchent pas à atteindre l'être profond des choses mais qui travaillent sur la manière d'agir. L'image qu'elles offrent de la réalité est la projection d'un désir de maîtrise fragmentaire et multiple.

En revanche, pour rentrer dans la réalité vive du cœur des hommes et des peuples, une solide formation en sciences humaines est nécessaire, mettant particulièrement l'accent sur tout ce qui permet une vision historique, symbolique et éthique qui intègre les dimensions plus analytique du savoir scientifique. Dans le domaine humaniste, j'oserai dire que la pierre de touche réside en ce que le disciple se convertisse au fur et à mesure en un pasteur qui apprécie chaque jour davantage la sagesse des peuples. Là où il se trouve il se connecte de manière symbolique et mystique, avec l'unité de la nature et avec le mystère transcendant de Dieu, exprimé par le respect envers le sacré et la dévotion pour ce qui est Saint et envers les saints. Ce chemin d'inculturation de l'Evangile et d'évangélisation de la culture implique un cheminement avec le peuple fidèle, apprenant de lui à prier et à aimer le Dieu Vivant et Vrai. C'est un chemin de camaraderie en communion toujours plus imbriqué ; tout le contraire de ces recherches intellectuelles de cercles élitistes et autoréférencés qui se complaisent à discuter de « questions débattues » au lieu de nourrir le troupeau avec une nourriture solide.

En même temps pour que les sciences puissent enrichirent la formation et puissent apporter leurs savoirs spécifiques – qui de nos jours ont grandi et se sont tant spécialisés – une solide formation philosophique est nécessaire qui ouvre les esprits au mystère de l'Etre et de ses propriétés transcendantales.

Solidité philosophique : ouverture au mystère de l'être

Tout comme la solidité de l'ouverture à la Révélation a pour objet le mystère du Christ, qui nous ouvre au Mystère du Dieu Trine et Un, ainsi, la solidité de l'ouverture philosophique a comme objet le mystère de l'être et de chacune de ses propriétés transcendantales. C'est pour cela qu'en ce qui concerne la philosophie il faut une formation qui ouvre les étudiants aux propriétés transcendantales de l'Etre. Là où la vérité, le bien et la beauté, dans leur unité, mènent toujours au Bien, à la Vérité et à la Beauté divine. Il est nécessaire de rechercher le fondement transcendant de la réalité, là où les ultimes questionnements de l'homme ne se confrontent pas dans l'opposition des différents systèmes catégoriaux, toujours en lutte les uns contre les autres mais qui permettent des dialogues féconds avec tous les courants qui cherchent authentiquement la vérité.

C'est à cela que fait référence *Optatam Totius* en parlant d'une « connaissance solide de l'homme, du monde et de Dieu ». Comme le dit von Balthasar : « On peut dire en général, que la relation fréquente entre la philosophie et la théologie, longtemps considérée dans l'Eglise Catholique comme une préparation à la théologie a changé dernièrement après un vaste déclin de la philosophie scolastique. Aujourd'hui, la théologie cherche plutôt à s'enraciner de diverses façons dans une des théologies alors appelées« fondamentales ». Ou bien, elle met en avant les « sciences humaines » dont beaucoup, cependant, manquent de moyens pour introduire la théologie. (...) Il en résulte un positivisme (théologique) diffus qui atteint aussi un peu partout la pastorale. On offre alors, au peuple fidèle des considérations d'origine sociologique qui sont en réalité d'un niveau inférieur à sa piété « non illustrée » tandis que les prédicateurs « illustrés » pensent qu'ils ont dépassé depuis longtemps ces « vieilles idéologies » et naturellement ne peuvent se contenir et ne pas mettre leur nouveau savoir dans la catéchèse des jeunes mais des adultes aussi. »[2].

2. H. U. von Balthasar, Regagner une philosophie à partir de la theologie, en: *Pour une philosophie chrétienne*, Lethielleux, Paris, 1983 págs. p. 175 ss.

Pour s'ouvrir à la totalité du mystère du Christ il faut dépasser ce positivisme diffus qui germe souvent dans la théologie (et qui en Amérique Latine et aux Caraïbes, souvent est même déphasé dans le temps, puisque des idéologies déjà dépassés ailleurs sont rééditées comme si elles étaient d'une grande nouveauté). Pour cela il est nécessaire de « regagner une philosophie chrétienne à partir de la théologie ».

Solidité : discernement

La solidité n'est pas uniquement celle d'un corps doctrinal, qui inclut la révélation entière en dialogue avec le savoir de tous les hommes de toutes les cultures, mais elle est aussi la solidité de l'épée bien trempée : cette épée de double fil qui discerne la vérité. C'est pour cela que contre la tentation du monde actuel de « syncrétismes » de tous genres qui s'éparpillent en de stériles questions débattues ou qui assemblent des savoirs non assemblables, la solidité de la formation des pasteurs doit permettre le discernement spirituel : ne garder que ce qui est bon.

Formation solide signifie donc discernement du Bon Pasteur qui sait mener ses agneaux aux verts pâturages et aux fontaines d'eau vive comme il les défend du loup et des faux pasteurs, des mercenaires.

BIOGRAPHIE

Le nouveau Pape Jorge Mario Bergoglio est originaire d'Argentine où il est né en en 1936.

Rentré comme novice dans la Compagnie de Jésus en 1958, il est nommé prêtre en 1969, évêque de Auca et auxiliaire de Buenos Aires en 1992 puis archevêque coadjuteur du même diocèse. Président de la Conférence épiscopale d'Argentine de 2005 à 2011, il est crée cardinal par Jean-Paul II en 2001.

Il est élu pape le 13 mars 2013. François est le nom qu'il s'est choisi.

Jorge Mario Bergoglio est né le 17 décembre 1936 à Buenos Aires en Argentine. Il suit une formation d'ingénieur chimiste avant d'entrer au séminaire de Villa Devoto, puis au noviciat de la Compagnie de Jésus le 11 mars 1958. Il part faire son noviciat au Chili et revient en 1963 pour obtenir une licence de philosophie à l'Université de San Miguel. De 1964 à 1965, il est professeur de littérature et de psychologie à l'Université de l'Immaculée de Santa Fé puis, en 1966, à l'Université del Salvador à Buenos Aires. Entre 1964 et 1965, il est professeur de littérature et de psychologie au Collège de l'Immaculée Conception de Santa Fe. En 1966 il enseigne ces matières au Collège Salvatore de Buenos Aires. De 1967 à 1970, il reprend des études de théologie à l'Université de San Miguel et obtient son diplôme.

Il est ordonné prêtre le 13 décembre 1969 par Mgr Jamón José Castellano, archevêque émérite de Cordoue.

Après une année à Alcala de Henares en Espagne, il prononce ses vœux perpétuels le 22 avril 1973. Il devient maître des novices à la Villa Barilari, à San Miguel, professeur à la Faculté de Théologie et conseiller pour la Province jésuite.

Le 31 juillet 1973, il est élu Provincial d'Argentine, charge qu'il exerce jusqu'en 1979 (6 ans). Entre 1980 et 1986, il est recteur à l'Université de San Miguel et des Facultés de philosophie et théologie. Il est également curé de la paroisse de San José dans le diocèse de San Miguel. Il part ensuite finir son doctorat en Allemagne, puis revient à l'Université del Salvador et enfin, à l'église de la Compagnie de Jésus à Cordoue comme directeur spirituel et confesseur.

Jean-Paul II le nomme évêque titulaire de Auca et auxiliaire de Buenos Aires le 20 mai 1992. Il reçoit la cnsécration épiscopale le 27 juin 1992 de la part du cardinal Antonio Quarracino, le Nonce apostolique, Mgr Ubaldo Calabresi et l'évêque de Mercedes-Luján, Mgr Emilio Ogñénovich. Sa devise est « Miserando atque eligendo. ». Il participe à la IXe Assemblée générale ordinaire du Synode des évêques en octobre 1994 sur la vie consacrée .

Le 3 juin 1997, il est nommé archevêque coadjuteur du même diocèse. Il participe à l'Assemblée spéciale pour l'Amérique du Synode des Évêques en novembre 1997 .A la mort du Cardinal Antonio Quarracino, il devient archevêque de la capitale d'Argentine, le 28 février 1998.

Il est aussi l'évêque ordinaire des fidèles de rite oriental résidents en Argentine sans Ordinaire de leur propre rite et Chancelier de l'Université catholique d'Argentine depuis le 30 novembre 1998 .

Il est rapporteur général adjoint de la Xème Assemblée Générale Ordinaire du Synode des Évêques sur l'évêque en octobre 2001. Il participe également à XIe Assemblée générale ordinaire du Synode des évêques en octobre 2005 sur l'Eucharistie.

Le 9 novembre 2005 il est élu président de la Conférence épiscopale d'Argentine, réélu en 2008 et termine son mandant en novembre 2011. Il est Président de la Commission épiscopale pour l'Université catholique d'Argentine.

Créé cardinal par Jean-Paul II lors du consistoire du 21 févier 2001, du titre de saint Robert Bellarmin. Papabile en 2005, il est alors sans doute le challenger le plus sérieux de Joseph Ratzinger avec le cardinal Martini.

Il était jusqu 'à ce jour membre de :

• La Congrégation pour le Clergé, La Congrégation pour le Culte divin et Discipline des Sacrements, la

Congrégation pour les Instituts de Vie consacrée et les Sociétés de Vie apostolique
• Le Conseil pontifical pour la Famille (membre de la présidence)
• La Commission pontificale pour l'Amérique Latine
• Le Conseil ordinaire du Secrétariat général du Synode des évêques
• Le Conseil post-synodal

Il est l'auteur des livres *Meditaciones para religiosos* en 1982, *Reflexiones sobre la vida apostólica* en 1986 et *Reflexiones de esperanza* 1992.

TABLE DES MATIÈRES

IV

Composition et mise en pages réalisées par
Compo 66 – Perpignan
800/2013

Achevé d'imprimer en mars 2013
sur les presses de la Nouvelle Imprimerie Laballery
58500 Clamecy
Dépôt légal : mars 2013
N° d'impression : 303320

Imprimé en France

La Nouvelle Imprimerie Laballery est titulaire de la marque Imprim'Vert®